ROMPENDO COM PADRÕES SOCIAIS

GÉRSON RODRIGUES

SOU LIVRE

PARA SER O QUE OU QUEM QUISER

Presidente:
Mauricio Sita

Vice-presidente:
Alessandra Ksenhuck

Capa, diagramação e projeto gráfico:
Gabriel Uchima

Revisão:
Rodrigo Rainho

Diretora de projetos:
Gleide Santos

Diretora executiva:
Julyana Rosa

Diretor de marketing:
Horacio Corral

Relacionamento com o cliente:
Claudia Pires

Impressão:
Editora Evangraf

Dados Internacionais de Catalogação na Publicação (CIP)
(eDOC BRASIL, Belo Horizonte/MG)

Rodrigues, Gérson.
R696s Sou livre para ser o que ou quem quiser / Gérson Rodrigues. – São Paulo, SP: Literare Books International, 2020.
16 x 23 cm

ISBN 978-65-86939-68-2

1. Literatura de não-ficção. 2. Autorrealização. 3. Técnicas de autoajuda. 4. Sucesso. I. Título.

CDD 158.1

Elaborado por Maurício Amormino Júnior – CRB6/2422

Literare Books International
Rua Antônio Augusto Covello, 472 – Vila Mariana – São Paulo, SP.
CEP 01550-060
Fone: +55 (0**11) 2659-0968
site: www.literarebooks.com.br
e-mail: literare@literarebooks.com.br

AGRADECIMENTOS

Dentre todas as pessoas que me inspiraram a escrever este livro, uma, em especial, fez e faz toda a diferença na minha vida. É a ela que quero dedicar estas páginas, pois, ao longo de toda a minha jornada, foi a única pessoa capaz de olhar em meus olhos com ternura e falar com firmeza: “Você está errado!”.

Sem ela, este livro não existiria. Sem ela, não seria quem sou hoje. Sem ela, minha vida continuaria sendo o caos que era quando a conheci.

A você, meu amor, Bruna Stefani Silva, dedico esta obra.

Com amor, na primavera de 2019...

SUMÁRIO

1. A VIDA NÃO É PERFEITA

Antonio José da Silva (nome fictício) era um empreendedor quebrado, completamente falido, alcoólatra, casado, pai de dois filhos, mas totalmente ausente em relação à sua família. Era mulherengo, grosseiro, preguiçoso e desorganizado. Seu principal *hobby* era se encontrar com "amigos" em um boteco todas as sextas-feiras, onde ficava se vangloriando das suas conquistas amorosas, sem qualquer pudor.

Você deve estar pensando: "Devo estar lendo o livro errado, afinal, o título fala sobre liberdade e, na introdução, me deparo com a história de um cara abjeto como esse". Acredite em mim, a história de Antonio é o mais perfeito ponto de partida para nossa trajetória juntos.

Antonio tinha um grande sonho adormecido em seu coração desde sempre: ser um empresário bem-sucedido, rico e próspero. Mas, apesar de já atuar no mercado empresarial há vinte longos anos, o máximo que havia conquistado foi uma casa própria, financiada no sistema bancário, e um carro seminovo, igualmente comprometido com dívidas. Com o passar do tempo, se resignou ao seu fracasso, e seus comportamentos nada mais eram do que reflexos de como se sentia internamente: um perdedor. Como não conseguia lidar com a dor que o aprisionava, encontrava no álcool e nas mulheres um refúgio para desaguar suas emoções nefastas. Para piorar tudo, já se encontrava com 55 anos, e uma crença dominante perturbava sua mente: não conseguiria mais reverter o quadro da sua vida e VIVER seu tão desejado sonho. Antonio havia jogado a toalha. Era um morto-vivo, que apenas contava os dias, um após o outro, vivendo como um vegetal, encontrando alguns instantes de prazer em suas fugas e dependências.

Na verdade, em seu íntimo, Antonio ansiava pela morte. Pensamentos suicidas o dominavam quando estava sóbrio, e rezava todos os dias para que sua empresa fechasse as portas. Porém não tinha coragem de fazer nenhum dos dois. O medo da morte era maior que a dor do fracasso e, em sua empresa, havia famílias que também dependiam do negócio. Ainda havia alguma humanidade em Antonio.

O fato é que, no alto dos seus 55 anos, Antonio estava emaranhado em uma teia da qual não conseguia se libertar. Seu casamento, sua vida financeira, seus negócios, sua carreira, seus sonhos e todas as demais áreas que representavam sua existência expressavam a verdadeira demonstração do caos, da insatisfação, de prisões emocionais, de infelicidade.

Apesar de todo esse cenário, Antonio sempre foi um profissional talentoso em sua área, e realizava um serviço único, incomparável e diferenciado. Mesmo com os atrasos recorrentes nas entregas e toda a desorganização do seu negócio, não lhe faltavam clientes, pois ninguém fazia o que ele fazia.

Numa sexta-feira, quando o sol já caía no horizonte, em mais uma das tantas vezes que havia estado naquele boteco, bebendo desenfreadamente e cobiçando as mulheres que por lá passavam, surgiu uma oportunidade real na vida de Antonio. Naquele mesmo ambiente, em que tantas vezes tudo o que fez foi afogar suas mágoas em álcool, Antonio conheceu alguém que iria ajudá-lo a mudar definitivamente de vida.

Resumindo, aquele até então ilustre desconhecido tornou-se sócio de Antonio, investindo dinheiro em sua empresa. Os negócios começaram a prosperar, as dívidas sumiram, recursos financeiros abundaram e, algum tempo depois, Antonio era um rico e próspero empresário bem-sucedido, pelo menos no mundo dos negócios.

Histórias como essa são a base da nossa narrativa cultural. Todos os dias multiplicam-se Antonios em toda a sociedade, trajetórias de pessoas comuns, como eu e você, que passaram uma vida de sofrimentos e fracassos, vivendo jornadas nada edificantes. E sabemos que alguns privilegiados, como Antonio, conseguiram virar o jogo. E talvez você possa pensar agora: "Viu? Ele nunca desistiu, foi até o fim, lutou pelo seu sonho e o realizou. Antonio é um batalhador, um vencedor". Será?

Leia a história novamente com atenção e você concluirá que Antonio é um fracassado até hoje. Mesmo rico e próspero, sua essência ainda é a do fracasso. Passou uma vida inteira errando, falhando, magoando pessoas e, eureca, uma oportunidade surge e o ALAVANCA para novos e melhores resultados empresariais. Mas foi só! As únicas áreas de sua vida que mudaram foram a empresarial e a financeira.

Eu conheço Antonio! Quando conversamos, ele admite com clareza e simplicidade quem é de fato, assume suas falhas e sabe que, não fosse aquele encontro fortuito no boteco com seu futuro sócio na época, ainda hoje estaria vivendo a vida miserável que sempre viveu. Com efeito, ele ainda a vive... O mais interessante de tudo: Antonio aceita a responsabilidade de saber que SEMPRE FRACASSOU em sua vida. Seu sucesso atual não foi planejado, pensado, projetado; foi um acontecimento, um acaso. Mesmo hoje, tendo dinheiro e novas oportunidades, se você quiser encontrar Antonio, basta frequentar aquele boteco todas as sextas-feiras. Ele continua sendo exatamente a mesma pessoa, porém agora é um alcóolatra, mulherengo, intragável e rico.

Talvez você possa odiar a figura de Antonio, mas há uma grande e irreparável lição que a história desse homem nos traz: ele se aceita exatamente como é, não fica tentando criar e projetar um personagem que a sociedade idealizou para si. Vive sua essência. Mesmo que ela seja desprezível, ele continua vivendo sua própria e verdadeira essência. Tudo bem, ela não é digna de elogios, mas é exatamente como ele é. Talvez sua grande obra na vida foi sentir-se confortável com o fracasso e aceitá-lo. E, mesmo tendo um sonho guardado no coração, ainda assim JAMAIS VIVEU em função das expectativas que tinha em relação ao futuro. Viveu, sim, em função da sua realidade. A verdadeira origem do sucesso de Antonio é sentir que o fracasso é aceitável e saber conviver com ele. E, mesmo querendo realizar seu sonho, estava pouco se lixando para sua vida horrível e para o que as pessoas pensavam dela.

Vivemos em uma cultura que nutre e alimenta exaustivamente as expectativas das pessoas. Você tem que ser mais feliz, tem que ser mais saudável, mais próspero, mais rico, mais bonito, mais sarado, ser o melhor, o mais inteligente, o mais rápido, o mais competente, o mais admirado. E, se observar com atenção, notará facilmente que nos vendem a ideia, o tempo todo, de que tudo isso é perfeitamente possível para qualquer pessoa. Pior, se não estivermos alinhados com essas expectativas, nos tornamos a escória da sociedade, verdadeiros alienígenas, que não sabem e nem buscam seu "verdadeiro potencial", que vivem à margem das tendências e das possibilidades de um mundo que é abundante e tem oportunidades iguais para todos.

Na verdade, nos estimulam a colocar nossa atenção no que NÃO TEMOS, no que está faltando, nas nossas falhas e erros, tornando-os maiores aos nossos próprios olhos. Assim, compraremos tudo o que for possível e imaginável para que consigamos alcançar o paraíso da excelência. Lembra-se da frase? Você pode, você consegue!

Se você parar para pensar um pouco, ficará claro que essa fixação na MOTIVAÇÃO a todo custo só serve para nos lembrar que não somos bons o suficiente, e que precisamos melhorar. E aí, quando melhoramos, sempre haverá um novo e mais elevado nível a ser perseguido, ou seja, a busca nunca cessa. Reflita por um momento: uma pessoa verdadeiramente feliz precisa ficar repetindo no espelho que é feliz todos os dias? É claro que não! Você conhece aquele ditado: "cão que ladra não morde"?

Todos e tudo no mundo querem nos convencer que a realização plena de uma pessoa depende de mais dinheiro no banco, de uma casa melhor, de um carrão na garagem, de um corpo esbelto e sarado, da piscina dos sonhos no quintal, da viagem para o exterior todos os anos, de padrões muito elevados de "sucesso".

Quero compartilhar a certeza de alguém que já viveu na extrema pobreza e hoje vive na abundância: nada disso faz nenhuma diferença sobre como você se sente em relação à sua própria vida. Na realidade, sendo muito honesto com você, se fechar meus olhos agora, me lembrarei facilmente de momentos da mais densa felicidade quando vivia na pobreza, dos quais sinto profunda saudade.

Todo esse movimento do SUCESSO a qualquer preço tem um porquê: criar necessidades. Desde os tempos mais remotos, criar necessidades sempre foi muito bom para os negócios. Veja bem, não tenho nada contra bons negócios, mas viver em função da próxima realização faz mal para a saúde mental e emocional de qualquer pessoa. Afinal, se você vive constantemente em função do que ainda não tem, de verdade, não está vivendo.

Sem querer parecer arrogante, com base em tudo o que já vivi e aprendi em minha trajetória de vida, considerando todo meu histórico profissional, posso mesmo afirmar que o segredo para uma vida melhor NÃO É conquistar mais, mas sim se importar com menos. E existem coisas que são verdadeiras, imediatas e importantes. Nessas, sim, vale a pena colocar energia e foco. Todo o resto é balela!

2. DEIXANDO AS COISAS MAIS CLARAS

Como você mesmo já percebeu, vou na contramão da autoajuda, do sucesso garantido, do modelo definitivo de realização pessoal. Se você estava buscando isso, está lendo o livro errado. Não que eu não acredite que as pessoas possam realizar seus sonhos e projetos, mas porque tenho convicção de que esse discurso facilmente vendável de que VOCÊ precisa buscar seus sonhos, metas, projetos para ser feliz é uma falácia. Cientificamente falando, não há nenhuma evidência de que a realização de sonhos, projetos, objetivos e metas aumenta os níveis de felicidade das pessoas.

Estudos feitos pelo professor Mihaly Csikszentmihalyi comprovaram que a riqueza, por exemplo, não traz felicidade. Sua pesquisa, realizada em território americano, comprovou que as pessoas que se DECLARAM muito felizes representam em média 30% da população. O mais interessante é que esse índice se manteve mesmo quando os entrevistados eram indivíduos de níveis maiores de renda. Na prática, ter mais dinheiro não representou um percentual maior de declaração de felicidade.

Acredito firmemente que esse movimento da BUSCA PELO SUCESSO que impacta a humanidade hoje é apenas um modelo que tem ajudado milhares de pessoas a ganhar mais e mais dinheiro vendendo livros, palestras, cursos, processos de *coaching*, enfim, produtos de desenvolvimento humano.

Posso falar com propriedade e autoridade porque eu mesmo tenho atuado nessas áreas há vinte e cinco anos. Contudo, está claro para mim que a única certeza mensurável desta vida é a de que NÃO EXISTE MODELO DEFINITIVO para nada. Na vida de qualquer pessoa tudo se resume a possibilidades, e essas possibilidades são pessoais, intransferíveis, que mudam de indivíduo para indivíduo.

Nossa essência biológica tem um propósito principal: sobreviver. Nosso fabuloso cérebro se contenta facilmente com o padrão de sobrevivência. Ora, sobreviver não é algo assim tão complexo: alimentar, defecar, repousar, procriar... Como você pode ver, é um ciclo bem simples e previsível.

No entanto, esse mesmo cérebro tem uma peculiaridade traiçoeira que, se não prestarmos atenção, pode nos enlouquecer. E talvez seja aí que o modelo da busca constante pelo sucesso encontra sua oportunidade. Veja se conhece a cena a seguir.

Você está prestes a ter um encontro importante com alguém e isso o deixa ansioso. Essa ansiedade vai tomando conta de todas as suas células e você começa a se perguntar por que está tão ansioso. Agora, você fica mais ansioso porque está com medo de aumentar seus níveis de ansiedade. Fica então ansioso com sua própria ansiedade.

Ou, usando um segundo exemplo, quem sabe você está irritado com alguém da sua convivência. Fica irritado com a simples presença da pessoa na sala. Você se pergunta: "Nossa, por que estou tão irritado assim?". E, quando percebe o motivo trivial da sua irritação, fica mais irritado ainda. Inicia-se então um diálogo interior conflituoso onde vozes se contrapõem umas às outras, fazendo com que, finalmente, você fique irritado consigo mesmo.

Quem sabe essa possibilidade: você está preocupado com algo que vai acontecer. Essa preocupação o corrói por dentro. Está tão preocupado que passa a se preocupar com seus níveis de preocupação. Uma palpitação surge em seu peito e você toma consciência de si mesmo: "Meu Deus, por que estou tão preocupado assim?". Nesse exato instante, fica preocupado com a própria preocupação, e então se instala uma ansiedade.

Ou, quem sabe ainda, você está em casa, sem fazer nada, coçando o saco, totalmente ocioso, e uma voz de cobrança surge em sua mente, te falando sobre seus sonhos, sua vida épica, seus desejos mais adormecidos, suas realizações. E, enquanto seu corpo quer ficar ali prostrado, sem fazer nada, sua mente navega em um turbilhão de pensamentos conflitantes, de cobrança, e até esquizofrênicos.

Tenho certeza de que você conhece esses ciclos viciosos, afinal, estamos falando de ser humano, na verdadeira acepção da expressão. São poucos os animais capazes de formar algum tipo de pensamento lógico, e nós, humanos, temos o luxo adicional de pensar sobre nossos pensamentos. Isso é uma loucura!

Sendo assim, posso pensar em assistir um filme pornográfico no canal fechado de televisão e, logo após, pensar que sou um pervertido por pensar em assistir esse tipo de película. Este ciclo tem um nome: consciência.

Somos seres imperfeitos que não aceitam a IMPERFEIÇÃO, e ficamos projetando o tempo todo o modelo de vida ideal. Isso faz com que não nos permitamos viver a vida que temos agora. Esta epidemia tem infectado a maior parte da humanidade atualmente, criando uma geração de prisioneiros que não vive, não sobrevive, não se permite, apenas passa pela vida. Essa geração é composta de marionetes de sistemas sociais dominantes. Literalmente, as pessoas desta era NÃO SÃO LIVRES.

Nos tempos dos nossos avós, quando as pessoas ficavam na merda, pensavam: "Nossa, estou na merda, me sentindo a pior das criaturas, vou capinar o quintal". E lá, enquanto capinava, desafogava suas mágoas. Tudo ficava bem rapidamente.

E hoje? Bem, nos dias atuais, se você se sente na merda por dois minutos que seja, irá para o seu celular e será bombardeado com milhares de imagens, vídeos, depoimentos de pessoas lindas, absurdamente felizes, ricas, prósperas, "vivendo vidas plenas". Você passa então a acreditar que tem algo errado com você, que Deus te sacaneou, afinal, sua vida está em oposição a tudo o que está assistindo nas redes sociais. Você passa a acreditar que a sua vida é mesmo uma grandíssima merda. E quando essa crença se instala, a sensação é extremamente negativa. Você se sente impotente, incompetente, incapaz, inepto.

Em resumo, ficamos mal por estarmos mal, nos irritamos por experimentar a irritação, nos culpamos por viver a culpa, sentimos medo de sentir medo, ansiosos com a nossa ansiedade.

Verdade seja dita, o grande problema e maior desafio do ser humano é NÃO SABER LIDAR com suas próprias emoções. Somos criaturas que sentem o tempo todo, mas não entendemos nada do nosso sistema emocional. Daí a importância de ser LIVRE. É isso que vai nos salvar, nos fazendo aceitar que a vida é maluca mesmo, que sofreremos a maior parte do tempo, que vamos perder, falhar, fracassar, que não há um modelo definitivo de sucesso, que sempre foi assim, e sempre será. Mas está tudo bem!!! Pois toda essa loucura é o grande barato do ato de viver.

Quando você se sente verdadeiramente livre, não ficará esquentando os miolos com seu próprio mal-estar, tampouco ficará se cobrando se ainda não obteve o sucesso que tanto almeja. Não será insano em viver projetando o futuro, esquecendo-se completamente do presente, e, quando estiver na pior, dirá para si mesmo: "Foda-se! Isso faz parte da minha própria história". Pois sabe que tudo nessa existência tão efêmera chamada vida é passageiro, tanto o mal quanto o bem. Tudo tão óbvio, né? George Orwell disse certa vez: "Enxergar o que está diante do nariz exige um esforço constante".

Viver uma vida livre foca o momento presente, o que está disponível agora, pois quem desfruta verdadeiramente da liberdade sabe que o desejo de ter mais e mais experiências positivas é, em si, uma experiência negativa. E, por mais paradoxal que pareça, aceitar a experiência negativa é, em si, uma experiência positiva.

Não entendeu? Eu sei que isso enlouquece qualquer um...

3. O MAPA NÃO É O TERRITÓRIO

Acalme sua ansiedade, pois agora você irá compreender melhor minha abordagem. E, para isso acontecer, quero utilizar a seguinte metáfora: o mapa não é o território. A frase surgiu com um contador polonês chamado Alfred Korzybski. Na primeira metade do século XX, Korzybski pregava que, na verdade, não tínhamos um contato direto com a realidade, e, por essa razão, nosso mapa (percepção da realidade) não representaria o território (realidade).

Como se desenrola a vida das pessoas? Como lidamos com os acontecimentos em nossa trajetória existencial? O que acontece quando reagimos ao mundo e à vida? O ciclo é muito simples e, ao mesmo tempo, altamente desafiador. Perceba... Desde a concepção, você tem passado por inúmeras experiências em sua jornada, correto? E assim será até sua morte. Essas experiências são todos os eventos que você vê, ouve e sente em sua trajetória. Ou seja, esses eventos oferecem estímulos que são captados através dos seus cinco sentidos básicos. Esses sinais (estímulos das experiências) são filtrados pelos canais sensoriais e impactam seu cérebro. Lá, através de toda atividade mental exercida, esses estímulos são interpretados. E é claro que essa interpretação sofre efeitos dos seus valores pessoais, das suas memórias, crenças e até mesmo emoções. Essas interpretações ativam decisões e, a partir delas, você age no mundo.

Fica evidente então que suas ações e reações não se dão a partir das experiências em si, mas sim das suas interpretações delas. As experiências são o território; as interpretações, o mapa. Nunca o mapa é o território. São dimensões completamente distintas. Nenhum mapa é igual a outro.

Voltando: desejar sentimentos positivos é um sentimento negativo; aceitar sentimentos negativos é um sentimento positivo. Isso acontece porque, se em seu mapa existe a crença de que você precisa alcançar algo, é porque ainda não o tem. Quais tipos de sentimentos são eliciados quando sabemos que não temos algo que desejamos? Em contrapartida, ao aceitar seus sentimentos negativos, no seu mapa, você está afirmando à vida que sabe lidar com ela como se apresenta, não importam as adversidades.

O filósofo Alan Watts chamou isso de Lei do Esforço Convertido, a ideia de que, quanto mais tentamos nos sentir bem o tempo todo, mais insatisfeitos ficamos, pois a busca por alguma coisa só reforça o fato de que não a temos. Por exemplo: quanto mais você se esforça para ser rico, mais pobre e indigno se sente, afastando assim a riqueza da sua vida.

Outro filósofo (Albert Camus), nascido na Argélia, mas que viveu na França, disse: “Você nunca será feliz se insistir em tentar descobrir o que é a felicidade. Você nunca viverá verdadeiramente se estiver procurando o sentido da vida”.

Em resumo: as coisas NUNCA são como você acredita que elas são. Experiência boa ou ruim dependerá única e exclusivamente do seu mapa. Todavia, é claro que muitas coisas vão nos desagradar ao longo da vida, talvez a maioria delas. A liberdade consiste em sabermos lidar com isso e vivermos o que há para ser vivido. É entender e aceitar o fato de que vamos fracassar a maior parte do tempo.

Talvez você esteja pensando: “Gérson, suas ideias são interessantes, mas e a casa dos meus sonhos? E aquele carrão para o qual estou economizando há tanto tempo? E toda a fome que passei para colocar meu corpo em forma? Se eu simplesmente parar de projetar o futuro, e passar a viver o presente, talvez NUNCA conquiste nada. Eu quero conquistar!”.

Deixa-me te falar algo: você já percebeu que, às vezes, quando se importa menos com alguma coisa, acaba se saindo melhor? Que esforço e resultado NÃO SÃO diretamente proporcionais? Já reparou que, quando para de se importar tanto, tudo começa a se encaixar nos trilhos (e dar certo)?

São inúmeros os exemplos de pessoas que lutaram uma vida por algo e, quando conquistaram, sentiram-se absolutamente frustradas. O interessante sobre a Lei do Esforço Convertido é que ela não tem esse nome à toa: se esforçar muito por algo acaba afastando o que tanto queremos de nós e, se por um acaso extremo, conseguirmos conquistar, a sensação será de frustração, pois não aproveitamos nada da jornada, afinal estávamos cem por cento focados no destino. Tudo, absolutamente tudo o que vale a pena na vida só é obtido quando superamos o sentimento negativo associado ao que desejamos conquistar. Seja o que for, não importa, não depende de esforço.

Quando aprendemos e aceitamos que a maior parte da vida será feita de coisas negativas, e que, na verdade, todas elas, sem exceção, são positivas, nos tornamos livres para ser o que ou quem quisermos. E isso é mágico! É mágico porque paramos de buscar incessantemente algo que SEMPRE ESTÁ no futuro e passamos a viver o único instante em que dispomos de algum poder pessoal: o agora.

4. A MAGIA DE SE SENTIR LIVRE

Quando falo em VIDA LIVRE, as pessoas imaginam imediatamente uma vida serena, feliz, plena, livre de dores, problemas e tempestades. Elas criam quadros mentais de perfeição existencial. Nada mais ilusório. Não imagine que, ao conquistar o estado mental de liberdade, você NÃO VAI se abalar com nada, não vai ter mais nenhum sentimento que traga desconforto. Pessoas que não se abalam com nada, ou não sentem nada, são classificadas como psicopatas. Tenho convicção de que você não deseja isso para sua vida.

Então, o que é ser livre? Como vou me sentir quando atingir esse nível? É isso que você deve estar se perguntando. Para seu melhor entendimento, vou relatar 3 grandes conquistas que serão alcançadas quando você se sentir completamente livre:

#Conquista1

Sentir-se LIVRE não significa ser inatingível, mas saber lidar com as próprias reações quando percebe que foi atingido. Você não vai se tornar uma pessoa indiferente, muito pelo contrário, você será ainda MAIS INTENSO do que é hoje nos seus relacionamentos, nas suas interações com a vida. Pessoas indiferentes são fracas emocionalmente. Tampouco você será o estereótipo do SUPER-HERÓI, sem fraquezas, poderoso, inabalável. Continuará sendo este ser biológico extremamente frágil.

Mas, ao conquistar sua VIDA LIVRE, você será muito mais forte em suas emoções, pois terá maturidade para lidar com suas próprias fraquezas e limitações. O que vai acontecer de verdade é que você saberá administrar e lidar com suas reações emocionais nas mais diversas experiências, mesmo que elas sejam desconfortáveis e despertem dor. Aliás, você ansiará pela dor, pois terá consciência plena de que SEM DOR ninguém evolui na vida. E é mágico perceber que, mesmo diante das mais atrozes adversidades, você consegue gerir suas próprias reações, controlar suas emoções, administrar os próprios comportamentos.

Uma vez sentindo-se livre, você notará que conseguirá separar o que realmente importa de tudo o que é irrelevante em sua trajetória, incluindo pessoas. Você navegará com maestria pelos mais diversos estados emocionais, tanto aqueles que classifica como positivos, como também os que nomeia como negativos. Isso não é fascinante?

Vivendo uma vida livre você notará que, mesmo que esteja sofrendo emocionalmente, ainda assim conseguirá manter algum nível de lucidez para fazer escolhas mais assertivas e inteligentes. Entenderá uma máxima muito verdadeira da vida: provavelmente você será importante e impactante para algumas pessoas, mas, para outras, será motivo de piada, ojeriza e constrangimento. E vai acreditar que está tudo bem mesmo assim. Quando atingimos a #conquista1, deixamos de viver em função dos outros e passamos a viver em função dos nossos valores essenciais. E isso acontecerá porque terá clareza sobre seus próprios valores, sobre seus princípios, sobre o que de fato importa em sua vida.

Acredite em mim: do princípio ao fim de sua vida, VOCÊ FARÁ MUITAS MERDAS. Não há como fugir desse cenário. A grande questão é: com quais merdas você quer lidar? Com quais não?

Quando nos sentimos livres, utilizamos nossas próprias merdas para olhar para dentro, aprender e evoluir.

#Conquista2

Ser livre não quer dizer NÃO TER PROBLEMAS, mas focar o que importa mais que eles. O que realmente importa na sua vida? Você sabe responder a esta pergunta tão simples e, ao mesmo tempo, tão desafiadora? Noventa e cinco por cento das pessoas NÃO SABE especificar com clareza o que realmente importa para elas. Isso acontece porque a imensa maioria dos indivíduos não conhece ainda seus valores essenciais. Na verdade, todo mundo sabe o que não quer, mas quase ninguém sabe evidenciar o que realmente quer da vida.

Imagine a cena: você está em uma loja qualquer e, de repente, percebe que um cliente está reclamando porque o caixa não tem 10 centavos para dar de troco. Ele está nervoso e emocionalmente alterado. Seu tom de voz é alto, e ele se comporta agressivamente com o "coitado" do funcionário do caixa. Você pensa com seus botões: "Caramba, são só 10 centavos... Para que todo esse barulho?".

O que você NÃO ESTÁ percebendo é que, para aquele cliente, esses 10 centavos têm valor real. De repente, transparência e ética são valores essenciais prioritários daquela pessoa e, ao não receber os 10 centavos de troco, ela sente que seu sistema de valores essenciais foi ferido. Por mais que você ache esse cliente um chato, não dá para negar que sabe o que realmente importa para ele, e toda celeuma pelos 10 centavos tem significado.

De fato, as pessoas maximizam as coisas em função dos seus valores. O que o cérebro faz é associar a experiência ao que realmente importa para quem a está vivendo. Fazemos isso o tempo todo. Julgamos situações, eventos e pessoas em função dos nossos próprios valores.

Quem constrói uma VIDA LIVRE não está imune a problemas, adversidades, acidentes de percurso, apenas seu foco não fica preso nessas experiências, pois essas pessoas SEMPRE se perguntam: o que importa mais que este "problema" que estou vivendo? E quer saber? Seus cérebros SEMPRE encontram respostas plausíveis. Pessoas que ainda não conquistaram suas 7 GRANDES LIBERDADES (que serão abordadas adiante) dão importância máxima aos problemas em si, tornando-os muito maiores do que elas mesmas, intransponíveis, insuperáveis. Com base em minhas pesquisas, constatei que os adultos que afirmam ter problemas têm, na verdade, apenas efeitos de não terem nada mais importante para focar. Precisamos estar prestando atenção em algo constante e sistematicamente. E, se não dou o foco adequado para o meu cérebro, ele irá focar outras questões, muitas das quais irão provavelmente me desagradar, ou seja, problemas.

Tenho afirmado insistentemente que as pessoas NÃO TÊM PROBLEMAS. Talvez agora sua mente esteja em curto-circuito. Você pode pensar: "Como assim, Gérson, não tenho problemas? Você está louco? Eu sei como está o saldo da minha conta no banco; tenho ciência daquela dívida que contraí; sei exatamente como o meu relacionamento conjugal está uma bosta; todos os dias vou para a porra de um trabalho que me faz muito infeliz... Vivo uma vida que me frustra e você diz que NÃO TENHO problemas?". Exatamente! Nem você, nem ninguém possui problemas em suas vidas.

Deixe-me compartilhar um modelo que talvez te ajude a compreender melhor meu raciocínio. Eu o chamo de modelo EDPL.

O E significa Eventos/Experiências. Desde a concepção, todos os humanos passam, ao longo da vida, por uma série de eventos e experiências. Tudo são eventos/experiências, e esses eventos, originalmente, são completamente neutros, ou seja, não são bons ou ruins em sua essência. Se, por exemplo, seu "problema" é a falta de grana na sua conta, isso não passa também de um evento/experiência. Se sua carreira é frustrante, temos outra experiência.

Contudo, se, ao me deparar com um evento qualquer ao longo da minha trajetória, eu não sei o que fazer ou como lidar com ele, neste exato instante o que tenho é uma Dificuldade. Dificuldade, portanto, é a falta de habilidade de alguém em lidar com um evento/experiência que esteja vivendo.

O P do modelo significa Problema. Efetivamente, temos problemas de fato quando deixamos que a dificuldade se expanda em nossas mentes. Então, posso afirmar que o problema nada tem a ver com o evento/experiência que estou vivendo, mas sim com minha criação mental.

O L da estrutura significa Limitação, e isso acontece quando generalizo minha percepção do evento/experiência para outras áreas da minha. Essa criação mental normalmente se transforma em crenças limitantes que fazem com que a pessoa passe a se perceber com o "problema" de uma maneira generalizada. Parece um pouco complexo? Vou tentar clarear.

Imagine que você esteja vivendo uma situação de crise profissional em seu trabalho, que, por exemplo, esteja em uma carreira somente pelo salário e, como consequência, ir para a empresa todos os dias é um GRANDE PESO. Este é o seu evento. Você não sabe o que fazer com essa experiência. Não tem coragem de pedir demissão, pois precisa do salário e, ao mesmo tempo, estar no ambiente profissional é um grande sofrimento. Literalmente, você não consegue tomar uma decisão, e essa incapacidade, falta de habilidade em lidar com o evento gera uma dificuldade. Ao viver essa cena todos os dias, a dor se expande em seu sistema nervoso e, consequentemente, uma sensação de impotência passa a tomar conta de você. Temos agora um problema. Vivendo essa rotina estressante diariamente, ao voltar para casa, sua energia vital está baixa, você se encontra estressado, raivoso, irritadiço e insatisfeito. A consequência natural é que maltrate as pessoas que ama, generalizando seu estado emocional também em seu lar. Pronto, você está limitado!

Uma vez, ouvi de um cliente a seguinte frase: "A mente humana inventa problemas quando as pessoas não os possuem".

#Conquista3

Ser LIVRE significa se tornar um maestro emocional. O maestro é o elemento vital de uma orquestra. É responsável por reger ou conduzir trabalhos musicais dando unidade a um grande contingente de sons instrumentais ou vocais. Um maestro tem a responsabilidade de não deixar que a dinâmica musical se perca, quando executada em conjunto, seguindo sempre a métrica musical.

E o que seria então um maestro emocional? Fácil compreender. Apenas mude o contexto, transferindo a orquestra para sua própria vida, os instrumentos para suas emoções. Talvez essa seja a GRANDE CONQUISTA da VIDA LIVRE, pois uma pessoa realmente livre não foge ou nega suas emoções. Ela as vive, orquestrando de maneira deliberada sobre qual emoção dará o TOM da sua própria experiência.

Reconheça o ciclo: quando somos crianças, damos importância demasiada a absolutamente tudo. Nossos cérebros e corpos, ainda em formação, tornam toda e qualquer experiência muito significativa. Ou você nunca viu uma criança se descabelando de chorar porque não ganhou o brinquedo que tanto queria?

Avançamos pela vida e, quando somos jovens, tudo é novo, empolgante, contagiante e significativo. Damos importância a tudo! Ligamos mesmo para tudo e todos: o que estão falando de nós, ou se aquela pessoa "incrível" que acabamos de conhecer vai ou não ligar, se o *look* com o qual iremos à festa irá ou não agradar. E faz sentido que seja assim, pois nosso sistema emocional ainda não está maduro o suficiente.

Todavia, conforme envelhecemos, adquirimos o benefício da experiência. Começamos a notar que a imensa maioria das coisas que importavam e faziam sentido para nós simplesmente perdem valor. Deixamos de valorizar o que outrora valorizávamos, e passamos a perceber coisas que não percebíamos. Nossa disposição emocional se torna mais seletiva. Isso tem um nome: maturidade.

Em contrapartida, na maturidade, nossa energia já não é mais a mesma, porém nossa identidade se consolida. Sabemos o que nos tornamos e aceitamos quem somos, mesmo com nossos mais agudos defeitos. Tudo isso é libertador, pois deixamos de nos importar com tudo e todos. A vida segue.

É claro, estou descrevendo um ciclo de vida ideal, de pessoas que passam pela trajetória existencial permitindo-se cumprir as etapas a serem cumpridas e, principalmente, evoluir com elas. Acontece que, na prática, o ciclo não se desenvolve exatamente assim. Eu mesmo conheço centenas de pessoas adultas, cronologicamente maduras, que possuem idades emocionais infantis. E quando pessoas adultas são emocionalmente imaturas, a qualidade de vida é muito pior. Isso acontece porque dinâmicas simples da vida de qualquer indivíduo, como tomar decisões, lidar com desafios e adversidades, se relacionar, analisar criticamente, fazer escolhas passam a ser processos extremamente desafiadores. Essas pessoas tornam-se prisioneiras das suas emoções.

Vamos a um exemplo prático. No ano passado, como sempre faço, atendi mais de 100 clientes em consultoria, mentoria e *coaching*. São inúmeros os empreendedores com quem me relaciono todos os dias, e todos, cem por cento deles, sem exceção, querem o mesmo objetivo: fazer seus negócios prosperarem e darem certo. E isso significa ganhar dinheiro no final das contas. Vários são os casos de empresários e empresárias que agem com imaturidade emocional. Contudo, uma experiência me chamou a atenção: uma mulher – vamos chamá-la de Ana Cláudia – com aproximadamente 40 anos, empreendedora há 10, dona de um restaurante com 23 funcionários. Ela contratou meus serviços de consultor com a intenção de mudar a empresa, profissionalizar seus processos e, principalmente, melhorar os resultados financeiros, haja vista que, nos 10 anos em que estava tocando o negócio, NUNCA obteve lucros. É extremamente válido que qualquer empresário queira mudar o rumo da sua empresa, e não era diferente no caso de Ana Cláudia. Sempre que começo uma jornada como essa, oriento claramente meus clientes sobre as barreiras EMOCIONAIS da mudança. Vale a pena conhecê-las:

1. **Barreira da decisão** – Tudo o que somos é resultado das nossas decisões. Decidir é o primeiro passo de qualquer jornada de mudança. Decidir é fazer uma escolha, e fazemos escolhas conscientes e inconscientes todos os dias. Estima-se que 95% das decisões que as pessoas tomam diariamente são inconscientes. Isso significa que a maior parte das nossas escolhas, todos os dias, são meros automatismos, repetições de padrões já conhecidos. Na realidade, não estamos escolhendo, mas sim repetindo. Todavia, tudo na vida de qualquer pessoa começa com uma decisão. Nesse caso, alertei minha cliente (Ana Cláudia) para o fato de que esperava que ela estivesse tomando

uma decisão consciente e madura sobre realizar a consultoria na sua empresa. Ela acenou que sim, mas verdadeiramente não estava.

2. Barreira da motivação – A segunda barreira da mudança é a barreira da MOTIVAÇÃO. Se você pesquisar a palavra motivação no Google, encontrará centenas de milhares de respostas. Motivação é um tema que VENDE e FATURA muito. Isso acontece porque as pessoas acreditam, erroneamente, que precisam estar motivadas SEMPRE para fazer o que deve ser feito em suas vidas. Ora, a motivação é um estado emocional, e, como tal, é variável e instável. É impossível para o nosso sistema nervoso criar e manter esse estado constantemente. E o que acontece quando a motivação acaba para a maioria das pessoas? Isso mesmo: elas desistem. É muito mais comum do que deveria o fato de que, todos os dias, milhares de pessoas tomam decisões, iniciam mudanças em suas jornadas, desmotivam e param. Você conhece bem a cena. Seu córtex pré-frontal, área no cérebro responsável por sua racionalidade, capacidade de análise crítica, planejamento, decisões e escolhas, permite que você vença a falta de motivação e siga em frente, através de um movimento chamado força de vontade. Força de vontade independe de motivação, é uma escolha racional, consciente, que qualquer pessoa poderia fazer quando acaba o gás da motivação. Porém, a maioria não faz.

Novamente, questionei minha cliente à época se ela seria capaz de seguir em frente, mesmo quando a motivação terminasse. Ela fitou meus olhos e respondeu com veemência: "É claro que sim!". Apesar de toda a convicção demonstrada, não seria capaz.

3. Barreira da AÇÃO – Algumas pessoas até superam as barreiras da decisão e da motivação, mas emperram na terceira barreira emocional da mudança: a ação. Muito se tem falado sobre a força do querer. Centenas de milhares de pessoas pelo mundo acreditam na máxima "Querer é poder!". Vou ser ousado aqui e reformular a frase: Agir é poder. De nada vale seu querer se não partir para a AÇÃO. Somente a ação é capaz de produzir resultados efetivos em nossas vidas. Mas não se trata de qualquer tipo de ação. Você vai produzir mudanças significativas na sua vida se suas ações atenderem a dois pré-requisitos: 1. Serem ações disciplinadas; 2. Serem constantes. Disciplina e constância é nome do jogo, e é neste ponto que muita gente boa NÃO AVANÇA, pois não consegue agir de forma disciplinada e constante. Questionei pela terceira vez Ana Cláudia, agora sobre seu compromisso em agir com disciplina e constância. Ela garantiu que seria assim. O que você acha que aconteceu?

4. Barreira da DOR – A quarta e última barreira emocional da mudança é a dor. Garanto a você que, se decidir mudar qualquer área da sua vida, há uma certeza na jornada: ela será dolorida. A barreira da dor impede a imensa maioria das pessoas de realizar sonhos, projetos, metas, objetivos, enfim, de fazer mudanças reais em suas vidas. O fato é que o ser humano não gosta e não sabe lidar com a dor. No entanto, a dor é o foco, pois, quando estamos sentindo dor, a evolução está acontecendo, estamos mudando de fato. Você já deve estar pensando sobre minha cliente da consultoria, a Ana Cláudia. Pois é, ela garantiu que estava preparada para lidar com as dores da mudança do seu negócio, mas, verdadeiramente, não estava.

O que aconteceu na prática? No terceiro mês do projeto, ela literalmente sumiu. Quando apareci na sua empresa para a reunião habitual de consultoria, ela não estava lá. Seus funcionários não sabiam do seu paradeiro. Liguei inúmeras vezes em vão. Ou seja, ela estava fugindo. Pense por um momento: em que idade normalmente as pessoas fogem quando estão diante de problemas, desafios, adversidades ou sentem medo? Quem sabe você pode vislumbrar a cena de uma criança de 6 anos que acabou de fazer uma travessura e sabe que seu pai vai chegar em casa após um longo e exaustivo dia de trabalho. Qual será o impulso dela? Exato: a fuga!

Minha cliente fugiu, pois, para vencer e superar as quatro barreiras emocionais da mudança, era necessário que ela tivesse uma idade emocional de 40 anos, mas, na verdade, sua idade emocional não ultrapassava os 6.

Fiz questão de fazer essa narrativa para que você entendesse o primeiro passo da maestria emocional: ter uma idade emocional compatível com sua idade cronológica. O segundo passo da maestria emocional é saber lidar com todas as emoções, sejam elas boas ou ruins. E o terceiro e principal passo da maestria emocional é entender que NÃO EXISTEM EMOÇÕES ruins. Na essência, todas são boas, pois todas elas têm uma intenção positiva para com você.

Acredito que você está começando a entender o que é a VIDA LIVRE a partir da compreensão das 3 grandes conquistas. O que me diz? Elas te interessam? Se sim, continue comigo, pois até o final do livro você saberá como fazer para CONQUISTAR a sua VIDA LIVRE.

5. O PREÇO POR SE SENTIR LIVRE

Para que você entenda com clareza o que realmente importa na vida, é imprescindível que também entenda e acredite que não há ações sem reações, não existem escolhas sem consequências, não há decisões sem efeitos colaterais. Tudo, absolutamente tudo o que fazemos gera algum tipo de efeito, resposta, consequência.

Acredito firmemente que estamos enfrentando uma epidemia de cegueira psicológica, que faz com que as pessoas não aceitem falhas e erros como um viés normal da vida. E isso está acontecendo neste momento. Se você não acredita, basta fazer uma pesquisa rápida em seu círculo de relacionamentos para descobrir que seus amigos, familiares, colegas, enfim, as pessoas com as quais convive, estão buscando REALIZAR algum tipo de modelo de sucesso definitivo. Ou seja, o ser humano está tentando, a qualquer preço, se afastar da dor. Pior ainda, essas pessoas estão se sentindo culpadas por estarem fracassando em suas vidas, como se o fracasso fosse algo inaceitável na condição humana. Ora, sejamos honestos. Faça uma lista agora, neste exato momento, de todos os acertos que você teve até hoje. Logo após, faça uma lista de todos os erros. Ficará muito fácil notar qual lista conterá uma relação maior: com certeza será sua lista de erros/cagadas. Quando acreditamos que nada deveria dar errado, inconscientemente começamos a nos culpar. Passamos a acreditar que há algo esquisito conosco, e essa crença nos faz tentar todo tipo de absurdo para reverter o quadro, como, por exemplo, comprar 50 pares de sapatos diferentes, ingerir calmante e vodca numa noite solitária, mentir para as pessoas que amamos, postar fotos e vídeos nas redes sociais demonstrando algo que não somos, procurar pornografia infantil, consumir álcool de maneira frenética, usar drogas psicoativas, buscar paliativos em estímulos externos para amainar nossa angústia e ansiedade internas. Dizem que a condição humana exige um pouco de anestesia. E por que tudo isso acontece? Por que somos tão esquizofrênicos a esse ponto? Porque temos que ser aceitos!

Deixe-me te explicar sobre a força do efeito manada. Mesmo o mais imparcial entre nós guarda preconceitos inconscientes, muitos deles enraizados no anseio de permanecermos em harmonia com quem nos identificamos e nos afastarmos daqueles que consideramos diferentes (e que, por isso, talvez representem ameaça). Essa tendência acontece porque somos criaturas gregárias, precisamos viver em comunidade. É claro que ninguém consegue viver em comunidade quando está em oposição ao bando. A sensação de pertencimento é uma força emocional que nos move na direção daquilo que o grupo está fazendo. Ou seja, nossa tendência natural é SEMPRE seguir a manada. O curioso é que essa inclinação pode ser observada desde a infância, quando, ainda como filhotes, queremos ser aceitos a todo custo. Instala-se então um padrão comportamental.

O que acontece quando você vai contra a direção da manada? Resposta: julgamento. Analise de forma lúcida por um instante: você se sente confortável quando é julgado? Tenho certeza de que não!

Eis a grande questão sobre conquistar uma VIDA LIVRE: você será julgado! E será julgado porque estará na contramão do rebanho, estará polarizando com a manada, rompendo com os dogmas que norteiam a comunidade. Você está preparado para isso? Acredite em mim, o preço é salgado, mas a recompensa é doce, pois quem consegue romper com os padrões da manada passa a viver em função da sua própria essência, e se bastar como indivíduo. Veja bem, não estou dizendo que você vai infringir as regras sociais que norteiam seu grupo, estou afirmando que você irá quebrar padrões que cegam a maioria das pessoas, e as aprisionam. Você poderá ser você.

Só há uma maneira de sermos capazes de pagar esse preço: possuir maestria emocional. Viver uma vida livre não significa construir uma história de grandeza. Grandeza é uma ilusão criada pela mente, um destino fictício que nos obrigamos a buscar para parecermos com nossos semelhantes, nossa Atlântida psicológica. Viver uma vida livre significa rompimento com todo e qualquer padrão que conflite com sua essência, que te impeça de viver a sua verdade. Toda vez que você seguir cegamente a manada, estará negando a sua própria verdade.

Quando tinha 22 anos, participei de um concurso para um importante cargo público em nosso país. Não fiz o concurso porque tinha descoberto a carreira da minha vida, mas justamente pelo motivo contrário: não fazia ideia do que realmente queria fazer da minha jornada profissional. O que aconteceu? Segui a manada, afinal, como todos me falavam (familiares e amigos), a carreira pública traria tantos benefícios que representavam o sonho de todo mundo. Tenha cuidado com essa expressão. Quando falarem que todos acreditam em algo, fuja disso.

Pois bem, fiz o concurso, passei em primeiro lugar, fui nomeado e comecei a exercer o papel da atividade profissional para o qual havia me habilitado. Lá fiquei por longos e intermináveis seis anos. Longos e intermináveis porque NÃO ESTAVA VIVENDO a minha verdade, mas sim a dos outros. Minha família estava feliz, enchiam a boca para falar do filho que ocupava um relevante cargo público. Meus amigos estavam felizes, afinal andar ao meu lado oferecia algum status. Até meu cachorro estava feliz, pois conseguia comprar a melhor ração que havia no mercado para ele. Dinheiro não era problema.

Opa, só um momento... Mas e eu? Foram seis anos vividos em uma prisão escura, fétida e cruel, talvez a pior das prisões, a prisão de ter que ir para um lugar todos os dias que você não quer ir, fazer atividades que não quer fazer.

Vivi encarcerado todo esse tempo, até que chutei a porta da prisão e me permiti me libertar. Quando pedi demissão daquele imponente cargo, fui impiedosamente julgado, sentenciado e punido pela manada. O filho já não despertava tanto orgulho, o amigo já não era mais tão atraente, até meu cachorro me olhava atravessado naqueles dias. Fácil entender os porquês: eu estava rompendo com o padrão dominante, o modelo ideal de sucesso, o comportamento aceitável na comunidade.

O preço mais caro de sentir-se verdadeiramente livre é o julgamento das pessoas sobre suas decisões. Para suportar isso é preciso ter blindagem emocional. Acredite em mim: elas vão te julgar. Entretanto, posso garantir, por experiência própria, que a sensação de liberdade vale qualquer preço a ser pago, pois não há nada mais relevante na vida do que VIVER e SER LIVRE.

6. A FELICIDADE É UM PRODUTO DA SUA MENTE

Provavelmente você já ouviu inúmeras histórias sobre reis que desejavam futuros grandiosos para seus filhos. Há dois mil e quinhentos anos essa história se repetiria mais uma vez, pois um rei, que desejava muito ser pai, havia definido que, quando seu filho nascesse, seria a criança perfeita. Ele queria ainda proteger seu rebento de toda e qualquer possível e imaginável dor, e todas as suas necessidades seriam prontamente atendidas.

Mandou que construíssem muros intransponíveis ao redor do palácio, assim seu herdeiro jamais conheceria o mundo como ele realmente é, tampouco sofreria as agruras que ele apresenta a todas as pessoas "normais".

O menino nasceu belo, saudável, com olhos e pele claros. O rei ficou fascinado com o presente dos deuses e decidiu cobrir seu filho de mimos, presentes, ouro, comida e toda sorte de criados e servos que o servissem de maneira pronta e imediata, atendendo assim a todos os seus caprichos.

O planejamento do rei funcionou, a criança cresceu e, mesmo com o avançar dos anos, nunca tomou qualquer tipo de contato com a crueldade humana. Mas, apesar de toda a proteção, luxo e opulência, o príncipe tornou-se um jovem frustrado, estressado, cabisbaixo, reflexivo, infeliz. Tudo lhe parecia vazio e sem valor, e, por mais que o pai lhe proporcionasse o melhor da vida, nada parecia NUNCA ser suficiente.

Aconteceu que, um certo dia, na calada da madrugada, o príncipe resolveu sair do palácio às escondidas para descobrir o que havia além daqueles altos muros. Ele foi até um vilarejo próximo ao palácio e o que viu o deixou horrorizado. Ele estava tomando contato com o sofrimento pela primeira vez na vida. Viu pessoas doentes, mendigos, desabrigados, gente que sofria sob os impactos da vida real.

Quando voltou ao palácio, o jovem príncipe entrou em uma crise existencial ainda maior, pois não sabia como lidar com o que tinha visto. Colocou toda a culpa no pai, logo o pai, que fizera de tudo para protegê-lo e fazê-lo verdadeiramente feliz. Decidiu então fugir para sempre e nunca mais voltar ao palácio e se encontrar com o pai novamente. Assim o fez.

Mas ele não contava com algo singular: era muito parecido com seu pai; também tinha ideias grandiosas sobre a vida e, além da fuga, abriu também mão da nobreza. Passou a dormir nas ruas, a viver como um maltrapilho, sem eira nem beira, catando nos lixos o que comer diariamente. Viveu assim por anos, sofreu muito além do que jamais havia imaginado sofrer. Alguns anos se passaram, até que o príncipe descobriu, na prática, que aquela vida de provações também não havia preenchido seu vazio existencial. Não se considerava mais iluminado mesmo passando por toda sorte de sofrimentos. Não havia descoberto seu propósito de vida. Ele descobriu o que todo mundo já sabia: sofrer não faz ninguém melhor quando NÃO HÁ um propósito para tal. Ou seja, o sofrimento só faz sentido na vida de uma pessoa quando ela sabe, com clareza absoluta, qual é seu propósito de vida.

Absolutamente frustrado e infeliz, o príncipe então prostrou-se embaixo da sombra de uma árvore e lá ficou por meses em um processo quase interminável de reflexão, no qual foi tocado por verdades profundas: a vida em si é uma forma de sofrimento. Os ricos sofrem por serem ricos, os pobres sofrem por serem pobres, pessoas solitárias sofrem por não terem famílias, pessoas com família sofrem por causa dela, pessoas de sucesso sofrem por causa do sucesso, já os fracassados sofrem por serem assim. Há uma certeza: vamos sofrer. A dor é a constante, portanto resistir à dor é um caminho equivocado que as pessoas tomam (vide a história do príncipe), pois a dor é uma certeza evolutiva da vida.

No futuro, muito depois de tudo o que viveu, esse príncipe ficou muito conhecido pela humanidade. Seu nome: Siddhartha Gautama. Ah, talvez você o conheça melhor por seu apelido: Buda.

Em nossas crenças há uma premissa de que a felicidade deve ser buscada e alcançada como um prêmio pelo ato de viver. Funciona mais ou menos assim: se eu conseguir X, serei feliz; se alcançar Y, serei muito feliz; se conquistar fulano, serei mais feliz ainda; se tiver alguns milhões na conta, ah, aí sim a felicidade será uma certeza matemática em minha vida!

Essa premissa é um GRANDE ERRO da humanidade, pois felicidade não é um objetivo em si, mas sim um ESTADO MENTAL/EMOCIONAL do indivíduo. É um estado emocional instável, variável, que muda de acordo com o contexto e experiências em que estamos inseridos. Quem vive buscando a felicidade NUNCA irá vivê-la, pois, como somos naturalmente insatisfeitos e inquietos, se usarmos essa premissa da felicidade, seremos, de fato, constantemente INFELIZES.

7. A INFELICIDADE TAMBÉM É UM PRODUTO DA SUA MENTE, E ESTÁ TUDO BEM

Muitas pessoas nesta era estão acometidas pela síndrome do super-herói. Essa síndrome afeta o comportamento humano, nos fazendo acreditar que temos que ser perfeitos, inabaláveis, únicos, imbatíveis, verdadeiros super-heróis e heroínas.

A verdade irrefutável é que, apesar de ser uma busca romântica e motivadora, ser um herói é uma chatice. Qual a graça de ser infalível? Que sabor tem ganhar sempre? Qual o sentido em ser à prova das “balas” da vida? De que valeria a pena viver se SEMPRE houvesse soluções para os nossos problemas?

Tudo, absolutamente tudo na existência humana SEMPRE terá uma contrapartida. Se você decide que vai ganhar muito dinheiro, talvez tenha que abrir mão de tempo com as pessoas que ama. Ou, se deseja expor um corpo escultural e atraente, terá que abrir mão de prazeres mundanos que todas as pessoas, repito, todas, gostam e aprovam.

Não há decisão impune. Não há escolhas sem efeitos colaterais. Em vários momentos da nossa breve trajetória neste planeta, sentiremos também o dissabor da infelicidade, e está tudo bem, pois só sabemos o que é ser feliz porque temos experiência em ser também infelizes. Sofremos pelo simples fato de que sofrer é biologicamente útil. O sofrimento é o agente preferido da natureza para inspirar e motivar mudanças. Se não sofrêssemos, estaríamos presos pela INÉRCIA.

Desde os nossos mais remotos ancestrais que vivemos constantemente insatisfeitos, inseguros, infelizes. E é muito bom que assim seja, pois esses estados nos fazem mover, inovar, criar, avançar, evoluir. Imagine por um instante se o homem das cavernas, em algum momento, não se sentisse insatisfeito e infeliz em morar na caverna. Você estaria agora no conforto do seu sofá aconchegante, sob a luz da sua lâmpada elétrica, com sua TV de LED ultra HD ligada? Provavelmente não!

Fomos programados pela natureza para ficar insatisfeitos, infelizes com o que temos e desejar sempre o novo, o inusitado, o que ainda não foi feito. E foi essa insatisfação permanente que nos fez progredir, evoluir e dominar o planeta.

A dor, em todas as suas formas, é sem dúvida o meio mais eficiente para gerar ação e, sem ação, nada acontece na vida. A dor é útil. Então, não me venha com essa conversa de vida plena, épica, dos sonhos, onde você será SEMPRE FELIZ e realizado. Isso não é vida real, é faz-de-conta. Uma vida livre consiste em aceitar a infelicidade como parte integrante e importante do ato de viver. Pessoas verdadeiramente livres não querem ser felizes o tempo todo, pois sabem que ser infeliz às vezes nos torna mais fortes e mais capazes de valorizar verdadeiramente nossos momentos de felicidade.

As dores (físicas ou emocionais) não são desequilíbrios, mas sim o que de fato equilibra sua existência. É claro que são sinais de alerta que indicam que algum limite talvez tenha sido excedido, mas nossas dores não são ruins em si, são apenas evidências de que algo precisa ser mudado.

Como vivemos em uma sociedade que se esquiva cada vez mais dos inevitáveis desconfortos da vida, onde as pessoas tentam, a qualquer custo, evitar a dor, estamos nos desconectando da realidade. E o que é real? A única realidade que interessa é, de fato, a sua própria realidade, aquela que está dentro da sua mente, a maneira como você interpreta os acontecimentos da vida, a forma como você lida com todas as experiências que vive. Se você considera em sua mente que não pode NUNCA ser infeliz, fará de tudo para buscar a felicidade a qualquer preço, tentando evitar as dores da infelicidade. Mas, como a vida irá, com certeza, apresentar seus infortúnios, e você não conseguirá estar cem por cento do tempo feliz, ficará ainda mais INFELIZ, pois sentirá a frustração de não conseguir VIVER SUA VIDA IDEAL.

Felicidade e infelicidade são duas faces da mesma moeda, são duas dimensões presentes na vida de qualquer pessoa, são estados emocionais que refletem se estamos ou não satisfeitos com o tipo de vida que estamos vivendo. E assim como existe o dia e a noite, o sol e a chuva, o norte e o sul, ou seja, extremos que se complementam, a infelicidade é o complemento ideal para o estado de ser feliz. Afinal, como você saberia o que é felicidade se nunca tivesse experimentado em algum momento o gosto amargo de ser infeliz?

8. PROBLEMAS TRAZEM FELICIDADE

Talvez a grande liberdade que uma pessoa possa conquistar seja a habilidade de mudar com facilidade a óptica com a qual vê as mais diversas experiências pelas quais passa em sua vida. Como você já viu no capítulo 4, não existem problemas, mas sim eventos/experiências, entretanto, para efeitos didáticos, vamos utilizar a palavra problema com um propósito útil neste capítulo, afinal, experiências chamadas de problemas são uma constante na vida de qualquer pessoa.

Quando você resolve seus problemas, o que acontece? Qual é a sensação de enfrentar e superar algo que te causa dor? Sim, eu sei a resposta: satisfação, felicidade. Nos sentimos felizes quando percebemos que resolvemos algo que nos incomodava outrora. A felicidade, portanto, está em resolver problemas. Os seus problemas trazem felicidade. Mas isso dependerá da forma com a qual você encara suas experiências nomeadas como problemas, pois, se seu foco está no problema em si, não fará nenhum movimento para superá-lo e resolvê-lo. Sendo assim, se quer de fato superar e resolver seus "problemas", é fundamental que você tenha um foco além deles. Somente assim irá mobilizar ações de solução.

Perceba a importância do seu olhar nesse processo. Se você encara suas experiências desconfortáveis como problemas, jamais irá conseguir olhar além delas, ficando preso em um looping emocional. Entretanto, se as vê apenas como experiências, sem significar negativamente o que está acontecendo, será capaz de manter sua racionalidade e ver além do que chama de problemas, enxergando possibilidades que até então não estava enxergando.

Deixe-me exemplificar para ficar mais claro. Imagine uma mulher de 40 anos que está vivendo um casamento muito infeliz. Ela afirma a todas as amigas que viver com o atual marido é um problema. Ela reclama, lamenta, maldiz, aponta as falhas, critica, condena, se queixa. Ou seja, não faltam argumentos que evidenciem que seu problema é grave e sofrido ao mesmo tempo. Ela dorme e acorda todos os dias pensando no problema, sentindo-se impotente e incapaz de gerar soluções plausíveis. Na verdade, bastam alguns segundos de conversa com ela para perceber que, em sua visão, seu "problema" é mais forte e maior do que ela própria. É claro que essa percepção gera um enorme desgaste emocional que repercute no marido, nos filhos, no seu trabalho, nas pessoas, em sua vida de um modo geral. A grande pergunta aqui é: existem outras possibilidades? Ou seja, será possível para essa mulher ter um olhar diferente sobre a experiência que está vivendo com o marido? A resposta é: com certeza sim.

Uma pergunta muito simples poderia ajudá-la a ter uma nova e libertadora visão da experiência: o que eu posso fazer para resolver isso? Assim, criaria caminhos novos diante do "problema".

Imagine por um instante que ela conseguisse superar e resolver a situação. O que ela sentiria? Felicidade é a resposta. Mas, como a maioria das pessoas faz, nossa heroína fica presa a uma única e limitante visão da experiência, mergulha profundamente na dor que ela gera, cria vínculos emocionais poderosos com essa dor e passa a ter a sensação de que não é capaz de superá-la.

Felicidade é um exercício constante porque resolver problemas também pode ser um exercício constante. Mas é fundamental que nós desenvolvamos essa visão de foco na experiência em si, e não no que ela significa para nós.

Sejam quais forem seus problemas, o conceito é o mesmo: resolva-os e seja feliz. Infelizmente, para a maioria das pessoas, a vida não é tão simples assim, justamente porque elas normalmente praticam um desses comportamentos:

1. Negação

Muita gente nega suas experiências. Faz de conta que elas não existem, procrastinam a busca pela solução. Ficam se iludindo e alienando em relação à realidade, pois preferem sensações boas no curto prazo em vez de paz e tranquilidade no longo prazo. E é claro que, ao negar uma experiência, a pessoa não terá uma VISÃO REAL dela, irá alucinar e criar uma percepção distorcida e generalizada do que está realmente acontecendo. O nome disso é maximização da percepção da experiência. Traduzindo: fazer tempestade em copo d'água. Se você fizer uma reflexão honesta sobre seus problemas, notará com facilidade que, em até noventa e cinco por cento dos casos, você está maximizando a percepção, fazendo tempestade em copo d'água. Quando criamos esse tipo de mapa da experiência, a dor emocional torna-se maior e resolver o que está gerando dor torna-se muito mais desafiador.

2. Vitimização

Mas há também aqueles que preferem acreditar que NADA PODEM FAZER para resolver e superar seus problemas. São as vítimas. Essas pessoas colocam fora de si o poder da solução, pois normalmente culpam outras pessoas ou situações pelas dores que estão vivendo. Isso pode fazê-las se sentir bem no curto prazo, mas leva a uma vida de rancor, raiva, mágoas, impotência, desamparo e desespero.

As pessoas normalmente negam e culpam os outros ou as situações pelos próprios problemas porque essa é uma estratégia útil que provoca alívio. Resolver e superar problemas gera dor e traz mais sofrimento, afinal, toda curva de mudança é SEMPRE NEGATIVA. Culpa e negação geram bem-estar, ao menos momentâneo. Obtém-se euforia semelhante àquela obtida pela ingestão de substâncias psicoativas.

Vivemos uma era em que o mercado da autoajuda se sustenta nesse barato, pois essa é a promessa: EUFORIA IMEDIATA. Ele não ajuda as pessoas a olhar para suas experiências e eventos com outra óptica, mas sim ensina fórmulas prontas de sucesso que com certeza funcionaram para alguém, mas fracassarão para a maioria das pessoas. E assim, como quando você toma um porre e tem a sensação durante o mesmo que a vida é maravilhosa, mas logo quando recupera a sobriedade é consumido pela ressaca moral, também um livro motivacional, ou uma palestra que ensina os 7 passos mágicos para a felicidade plena, podem gerar o mesmo estado mental.

Precisamos ir à raiz das coisas. Estamos superficiais demais. O grande desafio disso tudo é que a euforia também vicia e, quanto mais dependemos dela para sentirmos uma melhora em nossos estados mentais, mas iremos recorrer a esse recurso. É mais ou menos como aquele cara drogado que começa com a maconha e vai até o ponto em que ela, sozinha, não dá mais aquele barato. Então ele avança para a cocaína e... bem, você sabe o fim dessa história. Entorpecer a dor NÃO É resolver a dor, muito ao contrário. Contudo, toda vez que você se colocar no papel de vítima da história, estará apenas entorpecendo a dor, causando o alívio imediato. Você sabe que logo em breve ela retornará muito mais forte do que antes.

9. EMOÇÕES NÃO SÃO SENTIMENTOS

O que acontece em nossos cérebros quando estamos dominados por estados emocionais? Qual é a diferença entre emoções e sentimentos? Você sabe responder?

Para ter uma vida livre, é fundamental que você saiba diferenciar reações biológicas de sobrevivência (emoções) de interpretações psicológicas da consciência (sentimentos).

Imagine a seguinte cena:

Você está passeando em uma floresta linda, onde existem árvores altas. A luz do sol penetra por entre as copas das árvores formando mosaicos de luz e sombra no chão. Você ouve o canto dos pássaros e uma brisa inebriante beija seu rosto enquanto caminha. Você se sente bem, está calmo, sereno, tomado pela energia positiva do lugar.

De repente, sem qualquer aviso prévio, surge à sua frente, mais ou menos a uns 50 metros de distância, uma onça pintada, que é, ao mesmo tempo, linda e feroz. Ela está cara a cara com você, aparentemente faminta.

É fascinante o que acontece em seu cérebro quando ele registra a informação "onça pintada". Uma série de ações extremamente complexas são orquestradas com um único objetivo: recrutar seu corpo inteiro para a mudança de ação; suas pupilas dilatam, sua boca seca, seu estômago altera o funcionamento, seu intestino para de peristaltar. Se você estiver com o intestino cheio, você o solta. O sangue do seu corpo é redirecionado. Os vasos comprimem e dilatam, desviando o sangue de lugares que agora não são tão importantes – como, por exemplo, o aparelho digestivo –, enviando-o para lugares mais úteis na cena, como, por exemplo, os grandes músculos. É por isso que você sente frio na barriga quando está com medo. O sangue também é retirado do rosto. É por isso que, quando você olha para alguém que está sentindo medo, nota que a pessoa está pálida.

Seu cérebro dá ordens para seu sistema glandular secretar hormônios no seu sangue, como a adrenalina e o cortisol, que vão aumentar sua frequência cardíaca, aumentando também os batimentos e eficiência do coração.

No cérebro, hormônios e neurotransmissores vão ativar circuitos e vias neurais que farão com que você fique hipervigilante, ou seja, você jamais irá dormir quando há uma onça pintada na sua frente. Você também ficará hiperfocado, em um fenômeno que chamamos de visão de túnel. Isso quer dizer que não existe déficit de atenção quando você está diante de um perigo real.

Seu cérebro entra em um viés negativo, hipersensível a qualquer coisa minimamente negativa e ameaçadora que esteja ao seu redor. Tudo isso, e uma série de outras reações, acontecem em menos de meio segundo.

Se você compreendeu o que é essa orquestra fisiológica, entendeu o que é uma emoção.

Emoções são programas de AÇÃO coordenados pelo cérebro que gerenciam alterações em todo o seu corpo. Essas alterações são ações no sentido amplo da palavra, como, a título de exemplo, ações microscópicas, como a secreção de hormônios na corrente sanguínea, ou a secreção de neurotransmissores nas sinapses dos seus neurônios. Também são ações que podem ser um pouco mais complexas, como movimentações das suas vísceras. Ou ainda mais complexas, como COMPORTAMENTOS. Por exemplo, diante de uma onça pintada: atacar ou fugir?

Para que serve tudo isso?

As emoções são um jeito muito inteligente que a natureza desenvolveu para fazer com que um ser vivo aja SEM PERDER TEMPO. Emoções têm tudo a ver com ação, ou seja, elas servem para gerar comportamentos BIOLOGICAMENTE vantajosos frente a uma necessidade imediata.

A emoção é automática. Não temos controle volitivo das emoções. Isso significa que não conseguimos controlar nossas emoções com a VONTADE. Quando você viu a onça pintada, com certeza não pensou: "acho que vou dilatar minhas pupilas". Simplesmente aconteceu. E foi automático.

Todos nós queremos controlar intencionalmente nossas emoções, mas não é possível, pois isso seria péssimo do ponto de vista da nossa sobrevivência. As emoções existem para GARANTIR a sobrevivência da espécie. Se existe uma onça pintada correndo atrás de você, a coisa mais estúpida que pode fazer é ser racional.

A eficácia das emoções vem justamente do fato delas serem automáticas. Emoções estão sempre associadas a estímulos. Podem ser estímulos externos, como no caso da onça pintada, mas também podem ser estímulos internos, conteúdos mentais, ou seja, IDEIAS SÃO CAPAZES de provocar emoções.

Se você agora pensar em alguém de quem gosta, provocará uma reação emocional. Memórias também geram reações emocionais.

As emoções operam em uma escala de valência, ou seja, vão de positivas a negativas. Emoções de valência positiva nos inclinam a comportamentos de aproximação, já as emoções de valência negativa nos inclinam a comportamentos de afastamento.

As emoções TAMBÉM SÃO predominantemente INCONSCIENTES, ocorrem abaixo da linha da nossa percepção. Isso quer dizer que, no exato instante em que elas são disparadas, não temos qualquer consciência sobre elas.

Bem, acho que, após minha narrativa, você entendeu o que é uma emoção. E, se entendeu, também compreendeu que não há nada que pode fazer em relação a elas. Pessoas livres aceitam seus estados emocionais, não lutam contra eles.

Acontece que, como humanos que somos, possuímos capacidades corticais muito específicas. Isso significa que temos um córtex (camada externa do cérebro) muito privilegiado. Uma dessas capacidades é DAR SIGNIFICADO às nossas experiências. Aí surge o sentimento. A tomada de consciência da emoção é justamente o SENTIMENTO, ou seja, o significado que seu cérebro dá para a emoção que seu corpo está vivendo. O sentimento é, portanto, a percepção consciente das emoções.

Essa percepção é SEMPRE PARCIAL, afinal, quando você está com medo, não tem consciência, por exemplo, de que o diâmetro das suas pupilas está maior. Você só percebe partes dessas alterações. Mas, mesmo sendo parcial, esse SIGNIFICADO é a base operacional que utilizamos para a tomada de decisões e escolhas. Somente quando nossos cérebros interpretam as emoções e configuram os sentimentos é que somos capazes de escolher e agir. É importante então que sejamos capazes de fazer uma distinção clara entre emoções e sentimentos. Essa distinção é importante por alguns motivos:

1. A estruturas e circuitos cerebrais que mediam as emoções não são as mesmas que mediam os sentimentos. São circuitos cerebrais diferentes para cada uma dessas funções.
2. Nem sempre uma emoção se torna consciente. É perfeitamente possível que ocorram alterações emocionais no seu corpo e VOCÊ NÃO TOME consciência disso. Exemplo: toda vez que você vê alguém que ama, OCORRE uma reação emocional no seu corpo. Isso faz, por exemplo, com que haja uma alteração na emissão hormonal. Mas você não percebe que essas reações estão acontecendo, não têm consciência delas. Se você, por exemplo, vir a foto de alguém que te machucou no

passado, isso provocará uma reação emocional no seu corpo, e talvez você nem perceba, mas essa reação emocional faz com que você fique mais fechado, mais agressivo, com que você filtre de maneira diferente a informação que está ao teu redor.

3. É perfeitamente possível então que uma emoção não se torne um sentimento, ou seja, que ela permaneça oculta da nossa consciência.

A emoção é mais fisiológica; o sentimento é mais psicológico. As emoções e os sentimentos JUNTOS compõem o nosso SISTEMA AFETIVO.

Os afetos são, portanto, o conjunto das emoções e dos sentimentos.

Quando você compreende essa orquestra da vida INCRÍVEL que são as emoções e sentimentos, você consegue gerenciar melhor seus relacionamentos, sua carreira, seus negócios, sua vida financeira, sua vida como um todo, pois descobre sobre qual dimensão pode atuar, ou seja, o que pode controlar.

Penso que ficou evidente que os SENTIMENTOS são totalmente controláveis, pois significados podem ser alterados.

> ... É com a consciência que vem o sofrimento. O que indica o querer, um desejo insatisfeito. O desejo é infinito, suas concretizações não o são e, portanto, o desejo NUNCA está satisfeito, está sempre com fome.
>
> Arthur Schopenhauer

Começamos a nos tornar mais livres quando passamos a aceitar nossas emoções e a RESSIGNIFICAR nossos sentimentos. Não podemos nos livrar de um estado de RAIVA, por exemplo, quando ele está acontecendo, mas podemos perfeitamente dar um novo significado para essa emoção, canalizando assim a energia para coisas úteis e produtivas em nossas vidas.

Imagine que você esteja com raiva de alguém que ama por algo que essa pessoa fez. Seu corpo estará completamente alterado pela energia gerada pela raiva. Todas as sensações fisiológicas irão eclodir, é inevitável. Entretanto, de maneira deliberada e consciente, você pode, por exemplo, direcionar essa energia para atividades físicas, ou ainda para aumentar sua concentração em um projeto profissional qualquer. E, após descarregar os sintomas da raiva, aí sim ter uma conversa mais madura e inteligente com o objeto inicial da emoção (a pessoa que disparou o estado).

É um exercício fácil e simples? Não! Mas, com prática e constância, você verá que, em algum momento, a energia da sua raiva irá produzir coisas incríveis em sua vida, e deixará de destruir seus relacionamentos, magoar e afastar pessoas da sua convivência.

Entretanto, se você deseja se tornar um ser solitário, sem ninguém por perto, isolado de tudo e todos, deixe sua raiva estourar nas pessoas que estão próximas a você, como normalmente a maioria faz. Perceba, não estou falando para você reprimir seus sentimentos como muitos fazem, mas sim para escolher, de maneira assertiva e inteligente, onde irá despejar o que está sentindo. Isso faz toda a diferença na sua vida, e na qualidade dela.

Penso que, a essa altura do campeonato, já ficou claro para você que NÃO EXISTEM EMOÇÕES NEGATIVAS. Ora, se as emoções são reações biológicas que têm por fim principal nos fazer sobreviver, e os sentimentos são a consciência das emoções, o significado que damos para nossos estados emocionais, então dizer que uma emoção é boa ou ruim é apenas interpretação, nada mais.

Pessoas adultas reativas do ponto de vista emocional, ou seja, gente que reage à vida sem qualquer análise consciente, são como crianças de 2 anos e cães. Sim, crianças de 2 anos e cães são 100% emocionais, pois não possuem faculdades mentais ainda desenvolvidas para controlar ou dominar seus estados emotizados; apenas reagem. Quer saber o que mais crianças de 2 anos e cães têm em comum? Fazem cocô no tapete.

Conheço centenas de pessoas que têm mais de 40 anos, cronologicamente falando, mas que reagem emocionalmente ao mundo como crianças de 2 anos. São intempestivas, inseguras, irritadiças, raivosas, descontroladas, destemperadas, choram com facilidade, não dominam a si mesmas.

Nossos sentimentos são estados mentais variáveis, ou seja, o que te faz feliz hoje com certeza não fará mais amanhã. E isso é muito bom, lembra? A insatisfação e a infelicidade nos fazem progredir. Biologicamente falando, nossos sistemas sempre irão demandar algo mais. Se você é uma pessoa fissurada na felicidade, inevitável e incessantemente estará buscando algo novo: uma casa nova, um carro novo, um novo relacionamento, uma roupa nova, mais dinheiro na conta, enfim... E, acredite em mim, mesmo conquistando todas essas coisas novas, você estará, no fim, do mesmo jeito que estava no começo da jornada: insatisfeito e infeliz.

Os psicólogos se referem a esse conceito como a esteira hedonista, a ideia de que estamos sempre nos esforçando para mudar nossas vidas, mas, na verdade, nunca nos sentimos muito diferentes. Nossos "problemas" são recorrentes. É fácil entender: a pessoa que você ama é a mesma com quem você conflita, a casa que você compra é a mesma que reforma, a carreira dos seus sonhos é a mesma que irá estressá-lo no dia a dia. Isso indica que, inevitavelmente, o que nos faz bem também nos fará mal.

Entretanto, na prática, as pessoas vivem suas vidas como se tivessem uma felicidade derradeira para conquistar. É o famoso "Quando eu...". Queremos pensar que haverá, em algum momento, um alívio para os nossos sofrimentos. Acreditamos que, em algum instante das nossas jornadas, vamos encontrar a felicidade plena, épica, inabalável, que se instalará em nossas vidas e nos fará felizes para sempre. Mas não vamos.

A vida é cíclica e nos fará navegar por diversos e diferentes momentos. O gráfico existencial é instável. Quando aprendemos a lidar e aceitar essa variabilidade/instabilidade, encontramos aquela pequena porção de paz que nos fará perfeitamente livres para viver nossas histórias da melhor maneira possível.

Perceba! É uma escolha. É uma escolha que qualquer pessoa, em qualquer fase da sua vida, pode fazer. Não existe um oásis de felicidade esperando por nós, tampouco viveremos momentos da mais intensa felicidade de maneira definitiva. Iremos alternar entre bons e maus momentos. Viveremos ora no céu, ora no inferno. No momento em que você souber aproveitar cada um desses momentos, e aprender a extrair deles o que oferecem, encontrará a LIBERDADE que tanto almeja. O mais fascinante: descobrirá que ela está e sempre esteve dentro de você.

10. QUE TAL ESCOLHER SUAS PRÓPRIAS LUTAS?

Para cada 10 pessoas que você perguntar "O que deseja da vida?", 10 irão responder coisas como: "Quero ser feliz, viver um grande amor, ter uma família maravilhosa, uma carreira realizadora, muito dinheiro no banco, um corpo perfeito, viajar por todo o planeta...". Enfim, as respostas são tão previsíveis que acabam não significando nada.

Todo mundo gosta do que é bom. Todos no mundo, sem exceção, querem uma vida sem preocupações, problemas, feliz e fácil. Todos querem se apaixonar, ter relacionamentos incríveis, parceiros sexuais fantásticos, ter corpos perfeitos, ser admirados, respeitados, verdadeiras referências sociais. Cem por cento das pessoas quer isso. É muito fácil querer essas coisas, pois elas representam o néctar da vida.

Agora, se eu te perguntasse: "Qual dor você quer sentir na sua vida?", qual seria sua reação natural? Obviamente você pensaria que sou louco, esquizofrênico, esquisito talvez, afinal nenhum humano vivo deseja contato com a dor. Mas quero explicar algo importante: esse é o maior engano da vida, porque nenhuma experiência boa irá se instalar em sua história sem que você tenha vivido algum nível de dor antes. A grande pergunta é: "Pelo que você está verdadeiramente disposto a lutar?". Acredite, essa definição é muito mais importante do que qualquer recompensa boa que a vida possa te entregar. Veja bem: muita gente quer ganhar muito dinheiro em suas carreiras profissionais, mas não são todos que estão dispostos a trabalhar 70 horas por semana para chegar lá; muitas pessoas desejam viver relacionamentos amorosos plenos e felizes, mas não é todo mundo que aceita fazer concessões para que seu parceiro ou parceira sinta-se verdadeiramente amado, enfrentar as DRs, os silêncios constrangedores, a mágoa e o drama psicológico necessários para construir isso.

Então as pessoas se conformam. Se conformam e passam anos se perguntando se não poderia ser diferente. Contudo, sempre agem da mesma maneira. Velhos comportamentos não geram novos resultados.

Existe um pressuposto em tudo isso que as pessoas negam recorrentemente: a felicidade exige esforço. A alegria não cai do céu. Pessoas livres escolhem ser felizes porque têm consciência dos preços que a felicidade cobra, e, invariavelmente, estão dispostas a pagá-los.

Ninguém, absolutamente ninguém, conseguirá qualquer resultado efetivo na vida se não se submeter às dores que serão vividas na jornada. O que determina verdadeiramente o SUCESSO não é "Qual prazer você deseja desfrutar?", mas sim "Quais dores você está disposto a suportar?". Essa segunda pergunta muda perspectivas, estimula novos comportamentos, transforma vidas. É o que nos define como seres humanos que somos.

Você já passou um bom tempo da sua vida sonhando com algo que nunca foi realizado? A resposta provável é que sim. Eu mesmo passei boa parte da minha vida alimentando sonhos que nunca se tornaram realidade. Um deles, quando era adolescente, foi o de ser um astro do futebol. Cheguei até a me inscrever em um dos clubes da minha cidade, fiz testes, passei e treinei por algum tempo. Lembro bem que ficava horas criando quadros mentais de quando estaria jogando uma grande final, de quando faria o gol do título do meu time e seria ovacionado pela torcida. É claro que essas imagens me motivavam muito. Me perdi nessa fantasia por muito tempo. Apesar de ficar alimentando esse sonho por uns cinco anos na minha vida, ele NUNCA se realizou. Havia uma barreira importante: eu precisava me deslocar para os treinos na época e, para conseguir tal intento, tinha que utilizar dois ônibus no deslocamento. Meu pai não quis patrocinar meu sonho, que dependia só de mim. Tinha 16 anos, um sonho no coração, mas desisti. Hoje sei que NUNCA QUIS o suficiente. Passei anos dando a desculpa de que meu pai não me apoiou e, por isso, não me tornei o jogador de futebol famoso que tanto queria, mas não é verdade. Não tinha a paixão suficiente instalada em meu coração. Minha paixão era apenas pelo resultado, nunca foi pelo processo. O motivo é bem simples: o processo era doloroso demais. Havia a escola todas as manhãs e, para chegar no horário do treino, tinha que abrir mão do almoço, pegar dois ônibus, uma viagem de quase duas horas, treinar a tarde toda, voltando para casa já à noite. Ainda havia a questão da grana para pagar as passagens, pois, como não tinha, teria que trabalhar nos finais de semana em qualquer "bico" para produzir o capital que financiasse meu deslocamento diário para os treinos.

Eu adorava a cena do estádio lotado, do gol feito na final do campeonato, milhares de pessoas gritando meu nome, a imprensa notabilizando meus feitos... Mas, de verdade, eu odiava muito mais tudo o que precisava percorrer para chegar lá.

Sendo bem sincero, nem tentei! Desisti do sonho quando tive consciência de todo o sacrifício que teria que fazer. O sonho era gigante, mas a escalada até o topo era interminável. Escolhi não lutar aquela luta.

Pela narrativa cultural dominante, eu sou então um fracassado, correto? Não! Apenas decidi não querer pagar os preços que meu GRANDE SONHO exigia. Simples assim. Só me apaixonei pela vitória, não pela luta. E, sempre que uma pessoa só se apaixona pela vitória, ela NUNCA chegará. A vida não funciona assim.

A sua, a minha, a história de todos nós é definida pelas batalhas que estamos dispostos a lutar. São as batalhas que determinam as conquistas. O que não te contaram sobre sua vida épica é que, para que ela seja construída, haverá muita dor envolvida, vários e vários momentos de questionamentos, vontade quase incontrolável de desistir, julgamentos, cansaços físico e mental. Escolha as lutas que deseja lutar e lute-as, com tudo o que tem. As vitórias serão consequências naturais.

É bem provável que algumas dessas lutas que aparecerão no seu caminho você NÃO QUEIRA lutar, e vai ficar tudo bem, pois trata-se de escolher qual dor você aceita ou não sentir em sua vida. Contudo, acredite: quanto maiores forem seus sonhos, muito maiores serão suas dores. É diretamente proporcional. Portanto, ao escolher uma luta que deseja lutar, primeiramente levante o grau de intensidade das dores que irá sentir, e defina, antes mesmo da partida, se está disposto a suportá-las. Caso conclua que não está, não siga em frente. Entretanto, se decidir suportá-las, viva a história por completo. A realização do sonho será natural e fluída.

11. VOCÊ ACREDITA QUE É ESPECIAL?

Se você ficar um pouco atento apenas, notará uma indústria instalada, bem aparada, organizada que quer nos vender uma ideia: somos especiais! Fazem de tudo para que acreditemos nessa máxima. É claro que, como em qualquer indústria, há um plano implícito de nos vender algo. Tudo se resume a vendas.

Quando essa crença é instalada no inconsciente coletivo, as pessoas começam a comparar a si próprias com o modelo definido como especial. Nos dizem: você é especial, é único, nasceu para ser feliz, para viver a vida dos seus sonhos. Passamos a acreditar que merecemos tudo isso e muito mais, e, quando comparamos esse modelo com as nossas próprias vidas, e percebemos que elas estão muito distantes do que nos foi apresentado, ficamos frustrados. Basta olhar para o lado, ou para si mesmo, e notará que a imensa maioria das pessoas que conhece vive algum nível de frustração.

Quero te contar sobre um conhecido. Vamos chamá-lo de Carlos. Carlos é um cara sonhador, está sempre envolvido com o próximo projeto milionário que irá transformar sua vida. Ele lê todos os livros, assiste a todas as palestras, já fez várias formações em *coaching*, está constantemente projetando algo novo. O cara não para, está sempre idealizando o próximo nível da sua vida. Se você conversar com ele, ficará empolgado e talvez queira até tornar-se sócio de um dos tantos projetos de enriquecimento rápido que ele possui. É uma pessoa extremamente positiva, otimista, de conversa fácil, persuasiva, que é capaz de vender qualquer ideia a qualquer um. Ouvindo-o, você concluiria facilmente que Carlos é a máxima expressão do sucesso.

Mas há um problema crônico com Carlos: incongruência. Nada do que ele diz é coerente com o que faz. Muito papo e pouca ação. Na verdade, é um parasita da própria família, pois, como está sempre buscando o novo projeto, nunca dá continuidade a nada, e os resultados não acontecem. Assim como você e eu, Carlos também tem que sobreviver, pagar suas contas, sustentar seus filhos, sua casa... Carlos sofre de uma doença grave que vem acometendo milhares de pessoas nesta era: ele acredita que é muito mais especial do que realmente é.

Antes que você me interprete mal, quero que saiba que acredito no potencial humano. Defendo a ideia de que todos nós podemos evoluir e conseguir colocar nossos próprios resultados em níveis muito mais elevados. Entretanto, essa evolução não depende de conversa, discurso ou intenções, depende apenas de AÇÃO.

Desde sempre, Carlos nunca levou um dos seus GRANDES PROJETOS adiante. Nunca terminou nada que mal começou. Nunca foi capaz de tirar suas "ideias geniais" do papel. E, apesar de todas as habilidades que possui, não consegue transformar tanto potencial em resultados concretos. Tenho certeza de que você conhece "alguns Carlos" por aí, ou seja, pessoas que acreditam serem MUITO MAIS ESPECIAIS do que verdadeiramente são. Carlos é um mentiroso, o pior tipo de mentiroso que existe: aquele que mente para si mesmo.

Para contextualizar, esse movimento em que as pessoas começaram a sentir que são melhores do que realmente são começou em meados da década de 1960. Na época, a psicologia passou a acreditar que as pessoas que possuíam uma autoestima elevada, que se relacionavam bem consigo mesmas, seriam capazes de produzir melhores resultados na vida. As pesquisas indicaram que as pessoas que se consideravam admiráveis tendiam a se sair melhores e ter menos problemas. Muitos estudiosos da época passaram a acreditar que níveis mais elevados de autoestima bastariam para gerar benefícios sociais tangíveis. Como consequência disso, a partir da década de 1970, práticas relacionadas à autoestima começaram a ser difundidas, reforçadas por terapeutas, líderes empresariais e até políticos.

O grande problema desse movimento é que ele fez as pessoas acreditarem que a autoestima elevada bastava por si só, ou seja, que nenhuma outra competência seria necessária para uma pessoa alavancar resultados em sua vida, somente a autoestima. Imagine por um momento que você está agora deitado sobre uma mesa de cirurgia, prestes a iniciar um processo cirúrgico qualquer. Seu corpo sofrerá uma intervenção física do médico. Você sabe que ele tem uma autoestima elevadíssima, mas não concluiu sua formação em medicina. Você continuaria na mesa? Ambos sabemos a resposta!

Mas o movimento foi tão forte que chegaram ao cúmulo de elevar as notas na escola de maneira artificial para crianças que tinham fraco desempenho escolar a fim de manter seus níveis de autoestima altos.

Isso criou uma verdadeira aversão ao fracasso, ao erro. Hoje, tantos anos depois, sabe-se cientificamente que nossos fracassos e erros são fundamentais no processo de formação da personalidade, caráter, comportamento e desempenho como seres humanos. No fim das contas, sentir-se bem consigo mesmo é apenas a ponta do *iceberg* na construção de resultados sustentáveis e relevantes. Ou você acredita mesmo que ter uma autoestima elevada irá torná-lo um Bill Gates, Michael Jordan, Martin Luther King, Jimi Hendrix, enfim?

Entretanto, assim como Carlos, milhares de pessoas se deixam levar por essa crença sem fundamento: somos criaturas especiais. E isso basta para sermos felizes, plenos, realizados, livres. Falácia!

O grande problema desse movimento é a crença subjacente de que podemos medir a autoestima pelos sentimentos positivos das pessoas em relação a si mesmas.

Na verdade, Carlos e todos que se comportam assim são, de fato, arrogantes. Gente arrogante exala autoconfiança em níveis pouco realísticos. O problema disso é que pessoas que agem assim precisam se sentir bem o tempo todo, não sabem lidar com uma vírgula de dor. Então eu pergunto a você: a vida real funciona desse jeito?

O que falta para esse tipo de gente? Por que, cada vez mais, tantas e tantas pessoas conseguem nos convencer com suas palavras, mas não conseguem validar o que dizem em suas ações?

Foi pensando em encontrar essas respostas que, ao longo dos últimos 20 anos, tenho estudado o comportamento das pessoas verdadeiramente realizadoras. Possuo mais de 60 mil horas em processos de consultoria, mentoria, treinamento, desenvolvimento humano. Tive a oportunidade de conviver com os melhores empresários, profissionais, seres humanos que a vida me apresentou. Também conheci as piores criaturas. Ficou claro e evidente que existem diferenças significativas. Quais são elas? Vamos lá!

1. Intenção menos ação = Resultado zero.

Conhece aquele ditado "De boas intenções o inferno está cheio"? Creio que sim. Ele simboliza o mal que afeta pessoas como Carlos. Trata-se de gente que vive com base em intenções. Suas ideias, por mais geniais que sejam, não irão produzir nada em suas vidas se não forem para a prática. Todos os grandes realizadores que conheci ao longo dos anos tinham e têm essa característica comportamental forte: eles não têm intenções, eles agem! E agem porque sabem que somente a ação é que produzirá efeitos mensuráveis em suas jornadas. A intenção está associada a vontades, desejos, sonhos, ideias que insistem em permanecer exatamente aí: no campo das ideias. Já a ação é o comportamento praticado, é gente fazendo, colocando em prática suas intenções. O que de fato produzirá resultados? Pergunta fácil de ser respondida.

2. Iniciativa é poeira.

Muito se fala que as pessoas precisam ter iniciativa. Grande bobagem. O que realmente fará diferença na vida de qualquer indivíduo não é a iniciativa, mas sim a ACABATIVA. De nada adianta você iniciar vários projetos e não dar continuidade e acabar NENHUM. Chamo isso de Síndrome de Carlos. Não conheço nenhuma, repito, nenhuma pessoa que tenha realizado algo significativo na vida por ter iniciado muitas coisas. Entretanto, sempre que estive com grandes empresários, homens e mulheres extremamente bem-sucedidos, bastava alguns minutos de conversa para perceber que eles foram capazes de iniciar, desenvolver e, principalmente, concluir seus projetos e ideias. É claro que ACABAR um projeto, torná-lo realidade no mundo físico é, em muitos casos, extremamente desafiador. É por isso que tanta gente não consegue, pois desiste de seus "projetos geniais" quando percebe a quantidade e o tamanho dos desafios que a vida irá impor. Na outra ponta, há uma minoria de indivíduos extremamente bem-sucedidos, que realizam e conquistam muito, pois iniciam, dão continuidade e ACABAM seus projetos. Sempre vão até o fim! Terminam tudo o que começam.

3. Feito é melhor que perfeito.

Grandes realizadores planejaram sim seus sonhos e ideais, mas não esperaram o planejamento perfeito, com todas as variáveis analisadas, para começar sua ação. Gosto muito de uma frase de Richard Branson que diz: "Se alguém te oferecer uma oportunidade incrível, mas você não tem certeza de que consegue fazer, diga sim

– e depois aprenda como fazer". Pessoas que se comportam como Carlos passam a vida planejando o "pulo do gato", mas o pulo do gato nunca acontece para quem NÃO AGE. É importante entender aqui que o planejamento é o norte, a linha mestra, a rota que deverá ser seguida, mas NUNCA, repito, nunca haverá um planejamento perfeito. Aliás, ao contrário, os planejamentos, de uma maneira geral, são transmutados durante o percurso. Sempre descobrimos na prática que, se tivéssemos seguido exatamente como planejamos, o resultado seria o fracasso. Feito é melhor que perfeito, sempre!

Mas você pode estar se perguntando agora: "Então, por que planejar?". Simples: o planejamento ativa sua concentração, direciona seu foco e simplifica sua ação.

4. Motivação é besteira.

Há um pressuposto no comportamento dos "Carlos da vida": precisam estar motivados para agir. Como a motivação é um estado emocional e, como tal, é instável, quando ela desaparece, eles param. Notícia para você: a motivação sempre vai desaparecer. Todos os empreendedores incríveis que conheci, donos de empresas maravilhosas, produtivas, rentáveis, faziam o que tinha que ser feito, estando ou não motivados para fazer. A motivação é um combustível escasso que acaba rápido. A força de vontade não. Força de vontade é uma escolha consciente do córtex pré-frontal de uma pessoa que deseja verdadeiramente agir e construir resultados. A força de vontade nunca acaba, pois é, repito, uma escolha consciente. Já a motivação acaba porque é um disparo emocional inconsciente. Não podemos ter controle volitivo sobre a motivação. Se duvida de mim, pare para pensar e questionar quanto tempo durou "aquele gás incrível" que você adquiriu na última palestra motivacional de que participou. Te peguei, né? Durou muito pouco. Isso ocorreu porque, por melhor que o palestrante fosse, o máximo que ele pôde fazer por você foi oferecer estímulos que ativaram seu gás motivacional. Esses estímulos não vieram de dentro de você, mas de fora, por isso duraram tão pouco.

Há vinte e cinco anos que frequento academias (no plural mesmo) por todo o Brasil, 3 a 4 vezes por semana. Essa rotina NUNCA falha, nunca mesmo. Será que, em alguns desses aproximadamente NOVECENTOS dias em que treinei meu corpo, me encontrei DESMOTIVADO antes de ir para academia? Claro que sim! No entanto, mesmo nos dias em que tudo em mim gritava para que eu não fosse, minha força de vontade falou mais alto e arrastei meu "corpo desmotivado" para o treino. Somente com força de vontade se realiza aquilo que desejamos de fato realizar.

5. Disciplina e constância são os donos do jogo.

Disciplina é ter compromisso consigo mesmo. Constância é a capacidade de manter o nível da ação na linha do tempo. Será que Carlos possui disciplina? Creio que não! Afinal, ele está sempre falhando com a pessoa mais importante da vida dele. E constância, é uma habilidade que ele domina? Também não, pois não consegue sequer iniciar as ações que levarão seus "projetos milionários" adiante, quanto mais manter o nível de qualquer ação na linha do tempo.

Acredite em mim: se você não for disciplinado e não tiver constância em suas ações, NADA irá mudar na sua vida. A motivação pode acabar, a disciplina e a constância JAMAIS. Seja qual for a mudança que queira empreender na sua vida, não importa o nível da liberdade que deseja conquistar; para chegar lá, você terá que ter um ALTO NÍVEL de compromisso consigo mesmo e ser CONSTANTE no que se propõe a fazer. A disciplina garante que você inicie uma ação, mesmo quando estiver desmotivado para ela. A constância garante que você vá até o fim dessa ação. Você se torna imparável com disciplina e constância, e começa a fazer milagres em sua vida.

Deixe-me dar um exemplo da vida real. Há algum tempo atendi uma cliente que simplesmente NÃO CONSEGUIA emagrecer. Nosso trabalho foi voltado para a empresa dela em um processo de consultoria de sete meses. Nossas metas eram muito claras: 1. Aumentar as vendas; 2. Reduzir os custos; 3. Fazer o negócio ter lucro. Cabe um parêntese aqui: ela tinha a empresa há doze anos e ainda não havia alcançado qualquer uma dessas metas. As vendas estavam estagnadas, os custos eram altos, e o lucro, ah!, o lucro simplesmente não aparecia. Ela não via a cor do dinheiro. Se você já está imaginando que há um padrão nesse caso, está certo, afinal, ela também não conseguia emagrecer. Não precisei de muito tempo para detectar esse padrão, que se espalhava por todas as áreas da vida dela. Descobri também que ela era uma procrastinadora, que começava muitas coisas e não terminava quase nada. Também era acometida por uma síndrome de vitimismo, sempre tendia a encontrar "culpados externos" para os seus infortúnios. Como ela havia me contratado para a consultoria empresarial, focamos nos negócios, onde trabalhamos os seguintes passos:

1. Tornar-se autorresponsável, assumir que os resultados indesejados que estava obtendo na empresa eram responsabilidade dela;
2. Definir metas muito claras e específicas, alvos que seriam perseguidos por ela durante os sete meses de consultoria;
3. Fazer um "pacto de sangue" com essas metas, ou seja, um compromisso visceral de que não as abandonaria. Para arrancar esse nível de comprometimento, ela fez uma importante associação dessas metas aos dois filhos (fonte de amor real e valoroso da vida dela);
4. Desenhar uma estratégia, passo a passo, com minimetas, isto é, metas menores, fáceis de serem atingidas, que a levariam às três grandes metas;
5. Estabelecer um processo de monitoramento mensal, semanal e diário para verificar a aproximação ou não das metas. Se ela percebia que estava se aproximando, se autopremiava para fazer um reforço positivo a si mesma. Se percebia que não estava se aproximando das minimetas, corrigia a rota imediatamente. Acordamos, no início do plano, que EU FARIA intervenções nessa fase, e que, se percebesse que ela estava arrefecendo no seu comprometimento, a cobraria para que voltasse ao nível anterior. Ela aceitou;

6. Criar e instalar âncoras poderosas para VENCER seus 3 grandes inimigos pessoais: 1. a procrastinação; 2. o medo; 3. a baixa estima;
7. Partir para a AÇÃO imediatamente. Essa ação teria duas grandes características: seria uma ação massiva (característica 1), e também seria uma ação intensa (característica 2).

Ao final dos sete meses, ela atingiu e superou suas três grandes metas empresariais, e melhor: ela já se encontrava oito quilos mais magra, muito próximo de atingir a NOVA META que havia estabelecido: emagrecer doze quilos.

O que aconteceu foi que ela percebeu que seu plano funcionou para a empresa e resolveu praticá-lo também na vida pessoal, especialmente na questão do sobrepeso, algo que afetava sobremaneira sua autoestima.

Disciplina e constância são os donos do jogo.

6. Foco determina resultado.

O que é foco? Qual é o seu conceito? Antes de seguir a leitura, tente conceituar essa palavra, tão difundida e tão pouco compreendida. Se você ficar exposto ao sol do meio-dia por volta de duas horas, irá morrer? Sabemos que não. No máximo terá uma insolação. Mas, se pegar uma lupa, e alinhá-la com um raio solar, direcionando-o para sua pele, este raio irá perfurar todas as camadas da pele, chegando até o osso. Isso é foco, ou seja, concentração de energia.

Pessoas verdadeiramente focadas NÃO DISPERSAM, são capazes de concentrar sua energia no que realmente importa. E essa concentração produz resultados. Talvez você conheça a história dos irmãos Richard e Maurice McDonald, que fundaram uma barraca de *fastfood* em Arcadia, Califórnia, um conceito revolucionário na época, que vendia hambúrgueres por 10 centavos cada, servidos de minuto a minuto, embrulhados em papel, sem a necessidade de garçons. Hoje, o McDonald's possui mais de 40 mil unidades pelo mundo, alimenta mais de 68 milhões de pessoas por dia, uma linda história de sucesso empresarial graças a Ray Kroc. Espere um momento. Quem é Ray Kroc? Não foram os irmãos McDonald que fundaram a gigante dos *fastfoods*? Sim, eles criaram o conceito, mas foi Ray Kroc que tornou o McDonald's o que ele é hoje. Não importa se você aprova ou não o comportamento de Kroc. Você pode até afirmar que ele foi inescrupuloso. Tudo bem. O fato é que graças à capacidade de foco de Ray Kroc que hoje estou contando a história do McDonald's como referência neste livro.

Em sua grande maioria, as pessoas são muito dispersivas. Imagine por um momento se, enquanto escrevo estas palavras, estivesse com meu *smartphone* ao alcance dos olhos, de maneira que ele pudesse me estimular a todo momento com suas diversas e inúmeras possibilidades de distração. É claro que não teria o foco necessário para redigir o texto com algum nível de coerência. Sua capacidade de foco determinará o NÍVEL dos seus resultados.

Faça um teste: assuma um compromisso de um único dia na sua vida. Quem sabe amanhã? Você irá neste dia atuar com foco extremo em tudo o que fizer. Não permitirá distrações sob hipótese alguma. Deixará seu celular distante dos seus olhos quando estiver fazendo algum tipo de atividade que exige concentração. Se comprometerá a iniciar e terminar tudo o que se propor a fazer nesse dia. Dirá não para pessoas e situações que podem roubar sua atenção e foco. Será determinado nesse único dia a cumprir tudo o que planejou, sem desculpas. Experimente! É só um dia que peço a você. E, depois, me conte como foram os resultados dessas 24 horas. Você ficará impressionado e maravilhado com tudo o que conseguir fazer com absoluta excelência.

7. Não acredite, jamais, que você é especial.

Por um simples motivo: quando você passar a acreditar que é especial, irá instalar-se em uma zona de segurança. Essa zona de segurança é uma "bolha protetora" que as pessoas criam para protegê-las de situações que gerem desconforto. Zonas de segurança sempre trazem como consequência natural a acomodação. Uma vez acomodado, sua curva de resultados será declinante.

Cem por cento das pessoas bem-sucedidas que conheço são naturalmente insatisfeitas. Ora, se sou uma pessoa insatisfeita, nunca estou feliz com quem me tornei, sempre estou buscando mais. Portanto, de maneira alguma acredito ser especial.

Pois bem, na sua opinião, pessoas como Carlos praticam essas habilidades? Sabemos que não. Não praticam porque criam bolhas narcisistas ao redor de si mesmas, distorcendo a realidade a seu favor. Pessoas que pensam assim têm basicamente duas formas de ver as experiências da vida, ambas relacionadas à sua grandeza:

reafirmação ou ameaça. Se algo bom acontece com elas, é fruto de algo incrível que fizeram, mas, se algo ruim acontece, é porque alguém está com inveja, inimigos a estão sabotando, Deus não está ajudando. Você consegue perceber o padrão?

Pessoas com esse padrão vivem de fachada, usam máscaras sociais. Essas máscaras chegam ao nível de grudarem na cara, até o ponto em que elas não sabem mais identificar se estão ou não usando as máscaras. São pessoas que negam os problemas, vivem de euforia, e talvez por isso estejam sempre na busca do novo projeto. A euforia é um estado mental passageiro. Euforia passa!

Nutrir uma autoestima saudável é fundamental para que uma pessoa tenha qualidade de vida. Ademais, esse nível de autoestima permite, por exemplo, que o indivíduo enxergue com honestidade seus pontos falhos, seus erros, suas partes negativas, pois, ao admitir suas próprias vulnerabilidades, uma pessoa dá o passo fundamental para evoluir: consciência.

Uma pessoa verdadeiramente livre ama a si mesma apesar do seu lado sombrio. E todos temos lados sombrios. Ela não precisa do selo de aprovação social para sentir-se bem consigo mesma. Carlos nunca saberá o que é isso, pois, como está sempre vendendo uma imagem de si mesmo maior do que realmente é, não saberá identificar jamais o que precisa ou não melhorar. Isso tem um nome: prisão.

12. VOCÊ NÃO ESTÁ SÓ!

Uma pergunta óbvia para uma resposta direta: você já teve, tem, ou acredita que pode ter problemas e dificuldades na sua vida? Ambos sabemos a resposta. Com certeza sim! Afinal, até já mencionei, problemas são uma constante. Mas a verdade é que seus problemas não são tão únicos e pessoais quanto você pensa. Se você está vivendo algo agora que determina como um problema, é bem provável que milhões de outras pessoas já tenham passado por isso antes de você, estão passando agora, ou irão passar no futuro, inclusive gente que está próxima, seus conhecidos. É claro que isso não ameniza sua dor, mas o que quero dizer é que seu "problema grave" já foi, é ou será vivido por outras pessoas. Não é só você que está vivendo isso nesse nível. Seu problema não é tão especial quanto você pensa. Há uma tendência natural das pessoas definirem seus problemas como únicos e intransferíveis. É como se ninguém mais no planeta tivesse vivido aquilo algum dia, ou, ainda, que ninguém mais irá viver dor semelhante.

Sempre que inicio um processo de consultoria com algum empreendedor, é comum ouvir frases do tipo:

- Na minha empresa é diferente.
- Aqui, nesta cidade, as coisas funcionam de um jeito que você nunca viu.
- Meu problema é tão grave que não acredito que você tenha experienciado algo semelhante antes.
- Você nunca encontrou problemas como os meus.
- Neste segmento as coisas não funcionam assim.

Essas frases denotam percepções de que os problemas dessas pessoas são tão únicos, especiais, individualizados de tal forma que parece que estou iniciando um processo com alienígenas, seres de outro planeta que não apresentam os padrões comportamentais comuns aos humanos.

É claro que há um exagero nas expressões e, como já atendi milhares de pessoas, sei perfeitamente que os padrões se repetem. Só muda o endereço, pois, em 93% dos casos, os problemas, as dores são semelhantes. Mas, quando essas pessoas me relatam suas dores, dá para ver nos olhos delas que acreditam fortemente que não há nada igual no mundo ao que elas estão vivendo.

Há uma tendência de que as pessoas coloquem suas próprias dores sob holofotes e as dos outros nas sombras.

Constatar que seus problemas não são tão únicos assim é o primeiro e talvez mais importante passo para lidar com eles com mais habilidade e assertividade.

Na prática, me parece que cada vez mais gente, jovens e adultos, se esqueceu disso, porque há uma falta crônica de resiliência emocional nesta era. As demandas são cada vez mais egoístas, as pessoas estão cada vez mais centradas no EU.

É estranho que, numa época em que estamos cada vez mais conectados, por diversos e inúmeros canais, o egoísmo e a arrogância estejam tão em alta. Deveria acontecer justamente o contrário, ou seja, com tantas possibilidades de conexão que temos à nossa disposição atualmente, deveríamos estar mais próximos, priorizando o NÓS, em detrimento do EU.

Os benefícios da *internet* e das redes sociais são incontestáveis. Estamos vivendo o melhor momento da história, com as mais incríveis oportunidades para tudo, inclusive para viver. Mas talvez toda a tecnologia disponível tenha gerado efeitos colaterais inesperados sobre a humanidade. Ao mesmo tempo em que a tecnologia liberta, aprisiona. E aprisiona porque está sendo usada como instrumento para inflar, cada vez mais, nossos EGOS.

Você, eu e qualquer indivíduo que habite este planeta não estamos sós. Desde sempre precisamos uns dos outros. Aliás, a verdadeira liberdade está em entender e praticar os fundamentos da vida social, em grupo, que há muito vêm garantindo que sejamos a espécie dominante na Terra.

Precisamos praticar mais UBUNTU!

UBUNTU é uma filosofia africana que trata da importância das alianças e do relacionamento das pessoas, umas com as outras. Se tentássemos traduzir ao português, seria: humanidade para com os outros.

Uma pessoa com UBUNTU tem consciência de que a conexão é imprescindível para a existência humana, e que o EU não sobrevive sem o NÓS. A consciência UBUNTU indica que somos humanos e, como tal, nossa natureza tipicamente humana implica compaixão, partilha, troca, respeito, empatia, conexão...

Dirk Louw, doutor em Filosofia Africana pela Universidade de Stellenbosch (África do Sul), afirma que não há uma origem exata para a palavra UBUNTU, mas ela se refere a uma ética antiga que vem sendo utilizada desde tempos imemoriais, e talvez tenha surgido no Egito antigo. Mas é certo que ela remete ao fato de que, para que nossa vida faça real sentido, precisamos estar conectados uns com os outros.

Ubuntu é uma filosofia de vida através da qual o foco principal de qualquer indivíduo é fazer o máximo para criar e integrar sistemas que sejam harmônicos e sinérgicos: famílias, escolas, empresas, comunidades... Na essência, UBUNTU é ser-com-os-outros, uma pessoa só é uma pessoa através das outras pessoas.

UBUNTU significa que, quando estabelecemos conexões poderosas e sintonia com nossos semelhantes, encontramos a verdadeira felicidade, afinal, não estamos sós!

Um grupo de pesquisadores estudava o comportamento em uma tribo africana. Em determinado momento da pesquisa, resolveram propor um desafio a um grupo de crianças. O desafio era simples: eles colocaram sob uma árvore um cesto de doces e propuseram ao grupo (vinte crianças aproximadamente) que quem chegasse primeiro ao cesto ganharia os doces. Deram o sinal e, para surpresa de todos, as crianças deram-se as mãos e correram juntas até o cesto. Quando lá chegaram, uma delas virou-se para um dos pesquisadores e bradou: "UBUNTU, tio!". De que adianta uma de nós ficar feliz quando todas as demais estarão tristes?

Esta é a essência de ser humano. É por isso e para isso que existimos como criaturas dotadas de um córtex pré-frontal tão especial. Podemos nortear nossos comportamentos por valores que vão além dos instintos e emoções mais primitivos.

Acredite, você não está só!

Ser uma pessoa verdadeiramente LIVRE significa também ter consciência do NÓS. Faz muito sentido isso. Quando nos tornamos egoístas, priorizando o EGO, nos isolamos da comunidade. Afinal, quem tolera conviver com alguém que só pensa em si mesmo? Esse isolamento faz com que sejamos aprisionados pela sensação de solidão.

Talvez você já tenha experimentado esse sentimento: estar em meio à multidão e sentir-se absolutamente só. Se isso aconteceu, ou acontece, faça um inventário sincero dos seus comportamentos e verifique se você não está focado prioritariamente no EU.

Quando assumimos e aceitamos que não estamos só, que nossos problemas não são tão únicos assim como pensamos, e que fazemos parte de sistemas muito maiores do que nós, damos um passo fundamental para viver com LIBERDADE.

Reflita por um momento: se você pensa que seu problema é único e incomparável, está vivendo em uma prisão. Afinal, se não há nenhum outro exemplo no planeta que se assemelhe ao que está vivendo, onde vai buscar a informação de que precisa para vencer seu desafio? Ao assumir que nossos problemas são compartilhados, pois fazemos parte de uma raça que possui traços comportamentais que passam de geração em geração, ao compreender que somos seres sociais que precisam uns dos outros em um processo de coexistência e troca infindáveis, conseguimos nos libertar da prisão do EGO, nos tornamos mais altruístas, passamos a olhar para o outro de uma maneira diferente, criando assim laços poderosos de ligação em relacionamentos que servirão como alicerces para a nossa própria evolução.

Você não está só!

13. VOCÊ É MENOS EXCEPCIONAL DO QUE IMAGINA

Mesmo que os GURUS da autoajuda tentem nos fazer acreditar que somos excepcionais e podemos tudo o que quisermos, a verdade é cruel: não somos! Não podemos! Sempre gostei de jogar voleibol e, desde menino, comecei a praticar. Adquiri alguma habilidade, minha técnica até que era apurada. Eu me tornei um bom jogador, pelo menos para as "peladas" dos finais de semana. Imagine que, em algum momento da minha trajetória de praticante do vôlei, eu tenha decidido me tornar um jogador de alto desempenho e me profissionalizar. Imagine também que, nesse exato momento da minha vida, eu tenha participado de algumas palestras motivacionais onde os palestrantes foram hábeis em incutir em minha mente a crença de que era possível sim. E ainda mais, me fizeram acreditar que poderia até me tornar um jogador profissional, selecionável, quem sabe até multicampeão.

Se você acredita na frase "Querer é poder!", já deve estar pensando: "É claro que sim! Totalmente possível. Afinal, nada é impossível para seres humanos que verdadeiramente querem". Será?

Vou acrescentar um dado novo: minha altura é de 1 metro e 72 centímetros. E agora, você continua acreditando que sim, é possível?

Sabemos a resposta: NÃO! Há uma limitante física crítica para a prática do voleibol em nível de alto desempenho. Sempre seria um jogador medíocre.

A maioria das pessoas é bastante medíocre em quase tudo que faz. Mesmo que você seja excelente em uma área, é provável que seja abaixo da média em várias outras. A vida é assim. Nós nos tornamos muito bons em algumas poucas coisas, e miseravelmente medíocres em outras tantas. É assim que é, e está tudo bem, a não ser que você acredite nas falácias motivacionais que andam alardeando por aí.

Para se tornar incrível em algo, você precisará investir uma quantidade absurda de dois recursos valiosos e escassos: tempo e energia. Como esses dois recursos são finitos e limitados, é estatisticamente impossível alguém se tornar excepcional em várias áreas da vida.

Conheço empresários brilhantes que têm suas vidas pessoais totalmente ferradas, mães fantásticas que não desenvolveram suas carreiras profissionais, mulheres e homens lindos que pensam menos do que uma porta, atletas incríveis que têm vidas financeiras caóticas.

Na prática, as pessoas são medíocres na maioria das coisas que fazem em suas vidas. Mas não há qualquer problema quanto a isso, até que você decida que tem que ser bom em muitas coisas. Quando faz isso, instala-se em uma prisão que corrói sua energia e toma seu tempo. Literalmente, pessoas que buscam ser excepcionais o tempo todo deixam de viver.

Somos bombardeados com informações sobre sucesso, vidas extraordinárias, conquistas épicas, porque esse conteúdo vende e gera lucro. Afinal, no íntimo, todas as pessoas querem evoluir suas condições, buscam o melhor, desejam o melhor. Parece que ser excepcional é a norma, é a única coisa aceitável para a condição humana. Nos dizem o tempo todo: "Se você não é excepcional, não será feliz, pleno, realizado...". E, como somos todos bastante comuns a maior parte do tempo, o dilúvio de informações sobre o excepcional nos deixa preocupados, inseguros, com muito medo. Afinal, se vemos nas redes sociais a todo instante as "provas" de que outras pessoas construíram e vivem suas vidas ideais, mas nós não, sobram ansiedade e angústia.

Para tentar suprimir essa angústia, passamos a fazer a única coisa que sabemos: forjar, criar máscaras sociais. Instintivamente, não iremos aceitar estar assim tão abaixo da média. Não queremos, em hipótese alguma, nos sentir menores, inferiores, viver vidas que não se equiparam àquilo que nos vendem.

Deixe-me te dar um exemplo prático do que estou falando. Para isso, vou compartilhar um pouco da minha própria experiência. Será uma maneira fácil de você contextualizar a narrativa aqui proposta.

Quando era mais jovem, minhas inseguranças quanto ao dinheiro eram absurdas, afinal o discurso social é: "Você tem que ser rico". Difundem o tempo todo ideias surreais de que a riqueza resolve todos os males. Hoje, após ter construído minha abastância financeira, confesso para você que o dinheiro cria muitas oportunidades e melhora a qualidade de vida, mas, com certeza, ter mais dinheiro não resolve nossos problemas, muito ao contrário.

No entanto, como era jovem, inexperiente, imaturo e inseguro, comprei esse filtro sobre a riqueza. Passei a associar a minha própria felicidade à condição de ter uma vida de rico. Como não tinha grana, era um quebrado, tentei parecer rico. Muitas pessoas fazem isso. Tentam demonstrar para a sociedade que são prósperas. Criam dívidas e armadilhas financeiras que drenam muito além de dinheiro em suas trajetórias. Eu também fiz isso. Estabeleci um novo e melhor padrão de vida. Mudei meu carro, aluguei uma casa maior, passei a usar roupas de grifes famosas. Grande engano, doce ilusão. Em menos de dois anos estava totalmente falido. Eu me encarcerei em uma prisão que levei mais de três longos anos para sair e reconquistar minha liberdade. Por quê? Porque eu queria parecer excepcional, precisava mostrar para o mundo que estava perfeitamente alinhado com todas as expectativas de riqueza e prosperidade que a sociedade tinha sobre mim. O que fiz, na prática, foi criar um tremendo rombo financeiro que me enfiou em um grande e fétido buraco.

Talvez você possa concluir precipitadamente que eu e outras tantas pessoas que já fizeram e fazem isso somos irresponsáveis. Você estará equivocado. Afinal, esse fluxo incessante de notícias irreais que são pulverizadas na *internet*, expondo padrões fantasiosos de vidas incríveis, épicas, empoderadas, vividas por outras pessoas, nos fazem sentir pior do que o cocô do cachorro do bandido. Nosso instinto natural é então tentar, desesperadamente, demonstrar que também somos capazes de viver essa magia. Nós nos afundamos ainda mais. A *internet* com certeza resolveu antigos problemas econômicos e sociais, mas nos trouxe novos problemas psicológicos.

Se você quer se tornar uma pessoa verdadeiramente livre, pare de olhar e acreditar no que estão vendendo nas redes sociais. Foque e priorize você. Não compare seus bastidores com o palco das outras pessoas. A vida acontece de verdade nos bastidores. É na dor, no sofrimento, na luta, na batalha do dia a dia que sua história é construída. O que mostramos para o mundo é apenas a ponta do *iceberg*, ou seja, aquela pequena parte que pode ser mostrada.

Pense em alguém que você realmente admira hoje. Pode ser uma pessoa das redes sociais, que demonstra a vida dos sonhos que você tanto quer e deseja ter. Será que você teria essa intensidade de admiração por essa pessoa se ela mostrasse nas telas de suas redes sociais a realidade dos bastidores de sua vida? Você continuaria assim tão entusiasmado em querer essa vida "épica" se você conhecesse todos os caros preços que seu ídolo paga para tê-la? Provavelmente não.

Sua liberdade começa no exato instante em que você para de se comparar com outras pessoas, principalmente no momento em que você para de comparar suas lutas com as vitórias que te mostram por aí.

14. SE NÃO SOU ESPECIAL, QUAL A GRAÇA DESSA COMÉDIA CHAMADA VIDA?

Em nossa cultura foi disseminada a crença utópica de que todos DEVEMOS ser extraordinários de alguma forma. Celebridades, líderes, escritores, palestrantes, todo mundo diz isso. É uma ideia paradoxal, afinal, por definição, se todo mundo é extraordinário, então, na prática, ninguém é.

Em vez de avaliar racionalmente o que podemos e merecemos ou não, simplesmente passamos a acreditar na crença do extraordinário de olhos fechados. Ser "comum" se tornou o novo padrão de fracasso da humanidade. O pior lugar em que se pode estar é na zona comum, vivendo uma vida dentro da normalidade do bando. Ou seja, se você não está vivendo ainda sua vida incrível e extraordinária, está no topo da curva de Gauss. Estatisticamente, você está totalmente vinculado ao rebanho, seguindo o padrão social comum.

Incutiram em nossas mentes que somente o incrível, o super maravilhoso, o muito acima da média são de fato aceitos. Como a maior parte das pessoas talvez NUNCA irá atingir esse nível em suas vidas, elas sofrem. Sofrem emocionalmente, afinal, se todos conseguem chegar lá e só elas não, é porque são a escória social, o rejeito da sociedade.

Tenho que ser sincero com você: essa conversa fiada de que todo mundo nasceu para ser extraordinário não passa de discurso para te persuadir a comprar algo. É massagem no ego, nada mais. E, se você aceita esse discurso como verdade, estará apenas engordando e inchando suas emoções, ou seja, criando estados emocionais voláteis e passageiros de satisfação, para, logo após, retornar a seus níveis naturais de frustração com muito mais intensidade.

Mas, se não sou especial, não sou único e não sou excepcional, qual a graça dessa comédia chamada VIDA? É justamente entender e aceitar essa dura realidade: que, mesmo sendo medíocres na maior parte das coisas que fazemos, ainda assim haverá algo que faremos bem, talvez muito bem, e isso será suficiente para nos colocar em um estado emocional tão positivo e poderoso que nos destacaremos em meio à manada. Pense nas consequências dessa aceitação:

- Você não estará mais carregando a pressão de ser incrível e inovador;
- Não ficará mais se comparando com modelos irreais de sucesso;
- Não será mais obstinado a viver em função do destino constantemente;
- Não se sentirá mais inadequado;
- Se aceitará mais do jeitinho exato que é hoje.

Na sua opinião, não são bons benefícios? Eu acredito cegamente que sim, afinal, estou falando de liberdade para viver a vida que realmente deseja viver, não aquela que os outros te vendem como ideal. Liberdade para ser o que ou quem de fato quer ser, não os modelos com os quais te rotulam e impõem como referências de sucesso.

Talvez você possa pensar: "Que chatice!". Porém, pense um segundo. Estando livre da busca pela vida ideal, você terá mais tempo para estar com as pessoas que são realmente caras a você, energia para sentar-se e conversar despreocupadamente com um amigo valoroso, vontade e motivação para ler um bom livro, iniciativa para exercitar seu corpo, disponibilidade emocional para amar seu amor. E agora, continua achando chato?

O fato é que nossa busca insana pela vida dos sonhos nos afasta dela, pois ficamos projetando o tempo todo um futuro ideal e esquecemos de viver o presente. Esse presente sempre está à nossa disposição, debaixo do nosso nariz, ao alcance dos nossos olhos, muito próximo do toque das nossas mãos. Enquanto você fica desesperadamente correndo em busca sabe-se lá do quê, suas oportunidades de ser realmente feliz, aqui e agora, se esvaem por entre seus dedos.

Ora, se estou cem por cento do meu tempo focado no destino, não tenho energia ou disponibilidade para perceber, por exemplo, as pequenas e maravilhosas evoluções diárias pelas quais passam minha pequena Antonella (que tem 6 meses de vida enquanto escrevo este livro). Como não estou atento a ela, afinal, estou correndo desenfreadamente atrás da minha vida incrivelmente extraordinária, o tempo passará e perderei inúmeras pequenas experiências que abasteceriam meu coração com o mais valoroso de todos os sentimentos: o amor.

Esse amor está presente em tudo que está próximo a nós. Basta observar e perceber. Não preciso ser extraordinário, incrível, milionário, famoso, ter um corpo sarado para Antonella me amar. Basta que dedique minha melhor energia a ela, como ontem à noite, quando ficamos juntos, por duas horas, deitados sobre a cama, brincando, rindo, nos amando. Senti a intensidade do amor daquela menininha de apenas seis meses de vida quando, por alguns minutos, com suas mãos ainda desajeitadas, ela acariciou minha barba, olhando profundamente em meus olhos. Quer saber? Naquele instante, em que o tempo parece ter parado, me senti único, especial, excepcional... pelo menos para ela! E precisa mais?

15. CONCLUSÃO: A DOR FAZ BEM!

Sei que o título deste capítulo parece uma afronta. Afinal, em sã consciência, nenhum humano vivo admitirá que todas as dores que viveu ao longo da vida, todas os desconfortos geraram algum nível de prazer ou satisfação. Entretanto, nada é mais verdadeiro na vida humana, pois a dor lapida e faz, forja as pessoas a evoluírem.

Deixe-me te contar uma história real...

Viktor Emil Frankl nasceu em Viena em 26 de março de 1905. Foi um neuropsiquiatra austríaco, fundador da terceira escola vienense de psicoterapia, logoterapia e análise existencial. Seu nome, no entanto, foi projetado para o mundo após ter descrito sua experiência dramática em quatro campos de concentração nazistas. Em seu *best-seller* Em Busca de Sentido, Viktor Frankl escreveu sobre os impactos psicológicos da vida como prisioneiro no holocausto durante a Segunda Guerra Mundial. Sua mãe, pai, irmão e esposa grávida foram mortos nos campos de concentração. Dr. Frankl descreveu com detalhes arrepiantes a forma como seus captores lhe tomaram quase tudo que era significativo, incluindo sua dignidade humana. A única coisa que os nazis não foram capazes de tirar de Viktor Frankl foi sua capacidade de escolher a maneira como reagiria a todas as privações sofridas e traumas aos quais foi submetido. O próprio Frankl descreve que todo o sofrimento vivido o tornou muito mais forte.

Pense por um momento: o ponto de fusão do ferro é de 1.538 graus Celsius, o ouro derrete a 1.064 graus, e a água entra em ebulição a 100 graus centígrados. A transformação acontece em altas temperaturas. Para forjar o ferro, é preciso derretê-lo primeiramente. Assim também é com a sua vida, a minha vida, a vida humana. Todo sofrimento, toda sorte de dores e angústias que você já viveu fazem parte do processo de forja da pessoa que você é agora, neste exato momento. Sua evolução depende do sofrimento. E uma das forjas mais eficientes para promover a evolução e amadurecimento das pessoas é a dor emocional.

A dor emocional é uma manifestação psicológica e física de que as coisas não estão indo bem do ponto de vista interno em uma pessoa. É manifestação psicológica porque começa na mente; é física porque afeta o corpo (soma).

Naomi Eisenberger, da UCLA (Universidade da Califórnia em Los Angeles), descobriu que os circuitos neurais para dor física e emocional se sobrepõem. Tanto dor física quanto emocional ativam as mesmas áreas do cérebro. Não por acaso que, quando estamos sofrendo emocionalmente, sentimos partes dos nossos corpos mais tensionadas, enrijecidas, contraídas.

Contudo, a dor é um sinal de que algo precisa ser feito, de que mudanças são necessárias. Ora, se você mudar, irá evoluir, e, até que provem o contrário, evolução é sempre algo positivo. Então, sofrer faz bem.

> Somos assim: sonhamos o voo, mas tememos a altura. Para voar é preciso ter coragem para enfrentar o terror do vazio. Porque é só no vazio que o voo acontece. O vazio é o espaço da liberdade, a ausência de certezas. Mas é isso o que tememos: o não ter certezas. Por isso trocamos o voo por gaiolas. As gaiolas são o lugar onde as certezas moram.
>
> Fiódor Dostoiévski

Às vezes as pessoas escolhem dedicar grandes períodos da vida a causas aparentemente inúteis ou destrutivas. À primeira vista, são sem sentido. É bem desafiador se colocar na pele de Viktor Frankl e tentar sequer imaginar o que ele viveu naquele campo de concentração. Mas perceba que foi o sofrimento que o fortaleceu e o tornou a pessoa incrível e acima da média que ele foi. De fato, ele escolheu como queria lidar com suas dores. Para ele, o sofrimento teve um significado útil, e foi somente por isso que Frankl conseguiu suportá-lo e lidar com todas as dores que enfrentou.

Ora, se os problemas e as dores são inevitáveis na vida, passamos uma existência inteira fazendo a pergunta errada. Em vez de perguntarmos "Como paro de sofrer?", deveríamos questionar: "Pelo que estou sofrendo? Com que propósito?".

Em meio a todas atrocidades do holocausto, Viktor Frankl encontrou seu propósito, os motivos pelos quais valia a pena lidar com a dor, superá-la e seguir em frente.

Então, podemos concluir com facilidade que dor e sofrimento são dimensões diferentes que afetam a vida dos seres humanos. A dor é inevitável, o sofrimento é escolha. A dor é uma reação do nosso sistema biológico a estímulos recebidos do ambiente. Por exemplo: a pessoa que você ama acabou de trair sua confiança; ou um projeto profissional em que você investiu anos da sua vida e ainda muito dinheiro redundou em um retumbante fracasso; quem sabe ainda você acabou de descobrir que está completamente falido(a), e que não possui dinheiro para absolutamente nada; pior, está completamente endividado(a). Estou falando de dores que naturalmente afetam a vida de muitas pessoas todos os dias, em todos os cantos do planeta.

Não podemos não sentir dor. É uma condição humana, é uma estratégia avançada utilizada pelo cérebro para garantir a sobrevivência. A dor física permite-nos identificar a grande maioria das coisas que nos podem causar dano imediato, ou servir de alerta para algo em nosso corpo que precisa de atenção. No que diz respeito à dor emocional, o processo é idêntico, ou seja, funciona como um alerta de que algo em nossa vida interior NÃO ESTÁ BEM.

Entre o estímulo que provoca a dor emocional e a forma como vamos responder a ele, reside o que eu chamo de mapa. O mapa é a percepção que a mente de uma pessoa forma sobre a experiência que está vivendo. Isso quer dizer que, perante o sentimento de dor emocional (que pode ser pontual ou transitório), não temos necessariamente que transformá-lo em sofrimento.

A forma como respondemos à dor emocional que estamos sentindo, o enquadramento e a atitude que decidimos ter pode nos conduzir a um estado de vitimização (sofrimento) ou a um estado de empoderamento (ressignificação).

A dor física tem componentes biológicos e psicológicos distintos que efetivamente representam o estímulo e a resposta. A biologia da dor é o sinal transmitido através do sistema nervoso central de que "algo está errado". A psicologia da dor é a interpretação ou o significado que damos a esse sinal de dor, o discurso interno e crenças internas sobre o assunto que, em seguida, dirige as nossas reações emocionais.

O sofrimento SEMPRE resulta de respostas psicológicas e emocionais à dor. As facetas biológicas e psicológicas da dor combinam-se para orientar a grande maioria dos nossos recursos internos para detecção de perigo (real ou imaginado), fazendo soar o alarme contínuo e angustiante, que é a matéria-prima para o sofrimento.

Quando estão sentindo dor emocional, normalmente as pessoas se fazem a seguinte pergunta: "Por que EU? Isso não é justo! Não aguento mais!". Perceba que esse tipo de DECLARAÇÃO VERBAL dá a ideia de que a pessoa está destituída de controle sobre seu estado, sem qualquer poder para mudar os fatos. Fica a percepção de ausência de capacidade. Quando estamos sentindo dor emocional, é preciso que saibamos distinguir entre a dor real (origem) e o sofrimento que esta causa (consequência). Se focamos o sofrimento, torna-se impossível enxergar algo positivo na dor. Mas, se focarmos a origem, poderemos perceber significados maravilhosos na dor, e, assim, lidar melhor com ela. A dor é inevitável, o sofrimento não!

O sofrimento é tanto uma causa como um efeito dos pensamentos catastróficos e emoções perturbadoras associadas ao sentimento de dor emocional: ansiedade, irritabilidade, raiva, medo, depressão, frustração, culpa, vergonha, solidão, desespero, decepção, desesperança. Quando uma pessoa está sofrendo devido a uma dor específica, é porque escolheu esse estado, não soube lidar com a dor. Sua interpretação interna dela foi distorcida e negativa.

O sofrimento pode ser aliviado quando as pessoas se tornam conscientes da sua reação na presença da dor emocional. Para evitar ou diminuir a probabilidade da dor emocional se tornar um sofrimento, tem de aprender-se a responder de forma construtiva a essa mesma dor. O processo de recuperação ou evitamento do sofrimento pode ser conseguido através da aplicação de estratégias de aceitação e práticas baseadas na meditação (*mindfulness*).

Restabelecer o equilíbrio emocional perante um acontecimento que nos gera dor emocional implica ganhar consciência de todo o processo que conduz ao sofrimento, para, pouco a pouco, ir implementando uma forma mais saudável de lidar com a dor.

Ser livre significa então aceitar a dor, lidar com ela com equilíbrio e sabedoria, e não deixar que a mesma se torne sofrimento, pois este sim pode ser evitado.

Na verdade, na presença de dor emocional, você continua a ter imensas capacidades e recursos, os quais pode acionar e aplicar foco, para lhe darem algum conforto e ânimo, no sentido de perceber que nesse momento continuam a existir imensas coisas boas das quais pode usufruir e que sevem como ajuda, para que a situação em que se encontra possa ser melhorada ou mais facilmente suportada.

16. SER LIVRE É COMPREENDER AS PRÓPRIAS EMOÇÕES

Somos uma espécie dotada de muitas habilidades específicas. Talvez a mais específica delas seja a AUTOCONSCIÊNCIA. A autoconsciência se desenvolve em camadas, e só é possível nos humanos graças a uma área do nosso cérebro chamada córtex pré-frontal. Fisicamente, ele fica localizado logo atrás da sua testa.

Autoconsciência é a capacidade de ter consciência da própria existência. Nenhum outro animal no planeta desenvolveu essa habilidade.

Digamos que a primeira camada da autoconsciência é a simples compreensão das próprias emoções. Talvez você use frases assim:

- Desta forma me sinto feliz.
- Isso me deixa triste.
- Quando isso acontece, fico excitado.

- Aquilo me dá esperança.
- Tal pessoa me faz sentir pleno.

A compreensão das próprias emoções é o nível básico da autoconsciência. Infelizmente, muita gente é péssima até mesmo nesse nível. Pense em um casal que está dialogando sobre a própria relação:

Ela: O que foi?
Ele: Nada. Não aconteceu nada!
Ela: Não, percebo que aconteceu alguma coisa. Conheço você. O que foi?
Ele: Mas que coisa chata. Está tudo bem.
Ela: Tem certeza? Você parece chateado. Não quer compartilhar comigo?
Ele (com um sorriso amarelo): Sério mesmo que você vai ficar me questionando? Estou falando que está tudo bem!
Uma hora depois...
Ele: Bem, amor, deixa eu te falar. Na verdade, sabe aquela situação lá no trabalho...

Todos nós temos pontos cegos emocionais. Não identificamos com clareza o que estamos verdadeiramente sentindo. Sentimos dificuldade em expressar nossas emoções porque não temos consciência do que está de fato acontecendo. É preciso muito treino e anos de amadurecimento para que uma pessoa passe a ter consciência das próprias emoções. Estou falando do nível básico da autoconsciência. Isso acontece porque o córtex pré-frontal só fica realmente pronto aos 25 anos de idade.

A segunda camada da autoconsciência é a capacidade tipicamente humana de questionar o porquê de certos sentimentos. As respostas a esses porquês não são simples, e tampouco aparecem repentinamente. Muitas vezes levamos meses ou anos para identificar os nossos porquês. A maioria das pessoas nunca consegue e precisa recorrer à ajuda terapêutica para descobrir os seus porquês. Por exemplo, imagine que você esteja sentindo raiva. O primeiro passo é tomar consciência desse sentimento; é, de maneira lúcida e inteligente, dizer para si mesmo: "Estou com raiva". O segundo nível da autoconsciência é perguntar-se: "Por que estou sentindo raiva afinal?". Na maior parte das vezes, as pessoas remoem um sentimento por muito tempo sem saber por quê. Esse nível de questionamento nos ajuda a entender a raiz das nossas emoções, e principalmente daquelas que nos dominam. Quando entendemos essa origem, temos alguma chance de empreender mudanças reais.

Mas existe ainda um terceiro nível, mais profundo e mais complexo, que chamamos de autoconsciência, e esse nível é repleto de lágrimas, pois é formado por nossos valores pessoais. Ou seja, é a identificação do que realmente importa em minha vida, o que de fato valorizo. É a régua que uso para me avaliar e também avaliar as pessoas que estão em meu círculo de relacionamento. Quais são os padrões que uso para julgar a mim mesmo e aos que me cercam? Essa é uma pergunta que todas as pessoas deveriam saber responder com absoluta clareza.

Mas tenho que confessar a você que esse é um nível extremamente difícil de alcançar, pois exige muita dedicação e esforço. Contudo, é o nível mais importante de todos, pois é o que nos torna verdadeiramente humanos. São nossos valores que determinam o nível de qualidade de vida que vamos experimentar. Novamente a pergunta: "O que realmente importa na sua vida? O que você mais valoriza em sua existência?". Os valores são a base de tudo o que somos e fazemos. No final das contas, tudo que pensamos e sentimos sobre uma situação se resume ao valor que damos a ela.

Podemos distribuir os valores humanos em dois grandes grupos:

Valores MEIO – Os VALORES MEIO são as rotas que nós, humanos, utilizamos para atingir os VALORES FIM. São aspectos importantíssimos da vida, todos externos, que têm como função garantir que consigamos alcançar nossos valores FIM. Alguns exemplos: dinheiro, família, status social, reconhecimento, sucesso etc.

Valores FIM – Já os VALORES FIM são os produtos naturais dos VALORES MEIO. São exatamente o que sentimos quando conquistamos algo. Por exemplo: dinheiro traz paz e tranquilidade; família traz segurança; reconhecimento traz autoestima. Os valores FIM são estados mentais que as pessoas querem: felicidade, realização, honestidade, motivação, entusiasmo, liberdade.

Muitas pessoas não sabem reconhecer esses porquês de maneira precisa, e isso as impede de hierarquizar seus valores. Elas dizem, por exemplo, que valorizam a honestidade e a amizade, mas falam mal de outras pessoas pelas costas para se sentirem melhores. Muitas pessoas, diria que a maioria delas, vivem totalmente desalinhadas dos seus valores, ou porque não os conhecem com clareza, ou, ainda, porque não conseguem transformá-los em atitudes e comportamentos. São os VALORES FIM que balizam e orientam nossas condutas e atitudes.

Se você pensar com mais assertividade, perceberá facilmente que muitos gurus da autoajuda também ignoram esse nível mais profundo da autoconsciência. As pessoas reclamam que não são ricas o suficiente, que lhes falta dinheiro, e eles dão conselhos e pitacos para que elas ganhem mais dinheiro. Não são capazes de fazer perguntas mais profundas como:

- O que significa ser rico para você?
- Por que você quer mais dinheiro na sua vida?
- O que fará quando conseguir ter todo o dinheiro de que precisa?
- O que significa riqueza para você?
- Como você lida com o dinheiro atualmente na sua vida?
- O que tem impedido você de alcançar riqueza e prosperidade?

Essas e outras perguntas poderiam fazer as pessoas mergulharem para dentro de si mesmas e identificar com clareza os seus porquês. Será que essas pessoas não precisam primeiro fazer um levantamento acurado dos seus valores pessoais? Não seria mais prudente que elas hierarquizassem esses valores? Quem sabe não seria útil fazer com que essas pessoas entendessem o conceito de cada valor essencial das suas vidas?

Entretanto, é muito mais fácil e simples navegar na superficialidade. Ou seja, eu ganhei muito dinheiro, te ensino meu método de ganhar muita grana, você aplica e também ganha. Pronto! Meu método definitivo de sucesso financeiro impactou sua vida. Desconsidero aqui, por exemplo, que você pode estar querendo GANHAR MAIS dinheiro para preencher vazios existenciais que geram dores crônicas na sua jornada.

Grande parte dos "conselhos de sucesso" que existem por aí age em níveis muito superficiais do comportamento e da psique das pessoas, focando sempre resultados no curtíssimo prazo. São verdadeiros paliativos, antitérmicos para febre, tratam os efeitos, mas nunca as causas. As percepções e sentimentos das pessoas podem até mudar, mas os valores-base e a forma de avaliá-los serão sempre os mesmos. Não há progresso real nisso. É apenas um estado de euforia passageiro.

Autoquestionar-se é um exercício dolorido, reconheço, mas é fundamental para que qualquer pessoa compreenda as próprias emoções e aprenda a dominá-las. Pense: quando alguém que te ama faz uma crítica ao seu comportamento, você se sente desconfortável, estou correto? Mas é exatamente aí que está sua real oportunidade de evolução na vida. Reflita por um momento, de maneira honesta e racional, sobre uma crítica que você recebeu recentemente de alguém que ama. Coloque o incômodo de lado e pergunte-se: "Por que isso está me incomodando tanto?". Se for honesto consigo mesmo, perceberá facilmente que o desconforto não vem da crítica emanada pela pessoa, mas sim do fato de que ela encontrou eco dentro de você. Ou seja, em suas crenças inconscientes, essa crítica é verdadeira, faz sentido. Isso sim é autoconsciência. No entanto, na prática da vida, as pessoas apenas reagem às críticas que recebem como animais vorazes, irracionais, defensivos, instintivos. Querem apenas se proteger. Nunca refletem com clareza e inteligência real.

Deixe-me compartilhar um exemplo da minha própria experiência. Minha esposa é a única pessoa em meu círculo de relacionamentos que aponta meus defeitos e limitações sem qualquer pudor ou complacência. Ela simplesmente aponta onde estou errando com uma precisão de um bisturi que corta a pele sem qualquer tipo de anestesia. Tenho que confessar que dói. Em algumas vezes, quando recebi esses *feedbacks* críticos dela, minha reação foi instintiva, reativa, defensiva, animal. E por qual razão isso assim se procedeu? Após o calor das emoções, refletindo com alguma consciência, ficou claro para mim que o que ela havia dito fazia total sentido, ou seja, suas críticas encontraram eco dentro do meu sistema biológico, que tenta, a todo custo, sobreviver. E, para sobreviver, somos capazes de qualquer loucura.

O que aconteceu de verdade então? Ela: no intuito de contribuir com minha evolução, porque me ama, apontou minhas limitações; eu: como um animal visceral, tentando me proteger a todo custo, reagi emocionalmente em vários momentos.

E por que as cenas sempre se desenrolam assim? Porque nossos instintos querem, a todo custo, garantir nossa sobrevivência. Isso significa lutar contra qualquer ameaça, seja ela real ou imaginária. E, diante de qualquer ameaça física ou psicológica à nossa sobrevivência, a mensagem central é: REAJA, PROTEJA-SE, SOBREVIVA!

Perceba que não há qualquer nível de autoconsciência nessa interação. Apenas repetimos o padrão que a natureza programou em nossos sistemas para serem repetidos em situações de perigo.

Mas e se fôssemos capazes de analisar os fatos com alguma lucidez? E se eu tivesse, naqueles momentos em que recebo as críticas da minha parceira de vida, a capacidade de analisar a situação e dizer para mim mesmo: "Calma, Gérson, ela está te falando essas coisas porque te ama, quer teu bem, e, como já demonstrou várias vezes em todos os anos em que vocês estão juntos, é capaz de tudo para te proteger, até mesmo apontar seus defeitos?". O que você acha? Poderia ter outro tipo de reação? Sem dúvida de que sim. Mas não permitimos que esse nível de autoconsciência se apresente, porque nossos instintos falam mais alto. O animal que há em cada um de nós se manifesta e, quando isso acontece, passamos a fazer o que fomos programados para fazer ao longo de milhares de anos.

Isso faz sentido para você? Conseguiu vestir a carapuça? Quantas vezes na sua vida você gerou mágoas (algumas profundas) com as pessoas que ama simplesmente porque não foi capaz de ser autoconsciente? Quantas vezes conflitou em seus relacionamentos porque não conseguiu usar seu córtex superior e racionalizar uma situação qualquer?

É claro que, em muitas situações, você irá querer mandar a outra pessoa para aquele lugar, e está tudo bem, pois pessoas autoconscientes são responsáveis por seus comportamentos, fazem o que fazem por escolha, não por impulso.

Acredite em mim, quando você desenvolve essas três camadas da autoconsciência, adquire maestria emocional, domina as próprias reações e qualifica os relacionamentos consigo mesmo e com as demais pessoas. E, é claro, essas conquistas geram uma sensação de liberdade sem igual.

17. RACIONAIS? CONTA OUTRA!!!

Imagine a seguinte possibilidade: você está em uma festa. Lá também estão pessoas de todo tipo e, por uma infeliz sincronicidade, você se encontra com alguém de quem não gosta nada. Só de pensar na pessoa já tem arrepios nos pelos do corpo. Encontrar-se com essa pessoa então seria, com certeza, a pior das situações. Mas você a encontra em meio ao evento, portanto é claro que o desconforto será evidente.

Durante a festa você dialoga com muita gente, e mais de noventa por cento das pessoas com quem conversou falam bem do seu desafeto. Entretanto, em meio à multidão, você encontra alguém que também fala mal da criatura. Qual será sua tendência: estar próximo a todas as pessoas que falaram bem do indivíduo ou daquele único gato pingado que falou mal? Penso que a resposta é evidente.

E qual a razão disso? Simples! Por causa do viés da confirmação. Calma, calma, você já entenderá melhor esse conceito.

Pode até parecer clichê, mas, de fato, SOMOS nossos piores e mais algozes inimigos. Ninguém será capaz de sacanear tanto com você ao longo da vida quanto você mesmo. Acreditamos firmemente que somos seres racionais, mas a verdade é uma só: não somos. Somos muito mais instintivos e emocionais do que imaginamos. Acredita-se que algo em torno de 95% das nossas decisões e escolhas no dia a dia são totalmente inconscientes e emocionais. Mas você perceberá, ainda neste livro, que isso não é algo tão ruim assim.

Somos bombardeados por centenas de milhares de informações e estímulos todos os dias e, para lidar com esse bombardeio, nossos cérebros desenvolveram atalhos mentais (chamados de heurísticas). Esses atalhos nos permitem evitar níveis de pensamentos e raciocínios mais profundos quando precisamos agir por instinto e impulso. Por exemplo, se você está sofrendo uma ameaça à sua integridade física ou à vida, seria uma burrice raciocinar. Agimos por instinto para sobreviver.

O escritor Ash Read metaforizou dizendo que as heurísticas são nossas ciclovias mentais que permitem que a mente trabalhe sem se preocupar com os carros que estão na mesma via. Acreditamos que estamos escolhendo de forma consciente, mas não estamos. Quem controla nossas decisões são esses atalhos mentais.

As heurísticas são extremamente úteis. O problema surge quando as usamos em demasia, decidindo o tempo todo de maneira automática, repetitiva, irracional, sem análise, julgamento ou planejamento adequados. Quando isso acontece, estamos diante de VIESES COGNITIVOS, que são, via de regra, atalhos mentais negativos. Esses vieses nos fazem responder de maneira automatizada ao mundo quando deveríamos estar respondendo de forma consciente.

Quando você toma decisões de forma automatizada, seguindo padrões preestabelecidos, é, na verdade, um prisioneiro dessa dinâmica. Não há liberdade em fazer escolhas sem qualquer consciência. Somos facilmente manipuláveis quando estamos agindo de maneira impulsiva, repetitiva, padronizada.

Existem inúmeros vieses cognitivos. Quero chamar sua atenção, porém para os 5 mais presentes em nossas vidas. Vamos lá?

O viés da confirmação

Recorda-se da historinha que contei no início deste capítulo? Por que você se sentiu mais confortável com a única pessoa que também falou mal do seu desafeto? Por causa do viés da confirmação.

Em um mundo ideal, nossas escolhas e decisões seriam todas racionais, afinal, como *Homo sapiens sapiens* (homem que sabe que sabe), possuímos uma capacidade neurológica que nos distingue dos demais mamíferos, correto? Errado! Não somos lógicos e racionais coisa alguma. Somos tendenciosos e acreditamos naquilo que queremos acreditar. O viés da confirmação é a tendência das nossas mentes em buscar informações, pessoas, experiências que confirmem nossas preconcepções e crenças pré-existentes. Queremos ver no mundo aquilo em que mais acreditamos.

Estamos sempre predispostos a enxergar melhor tudo o que confirma nossas próprias crenças, e a negar o que as contrapõe. Priorizamos então o que confirma nosso modelo de mundo e negamos o que não confirma.

Os efeitos do viés da confirmação afetam todas as pessoas: de médicos a donas de casa, de empreendedores a profissionais liberais, enfim, a humanidade. Repetimos rotinas e padrões porque nossa mente faz verdadeiras varreduras em nossos ambientes para encontrar tudo que confirme nossas crenças preestabelecidas.

O viés do ancoramento

De uma maneira geral, nas experiências humanas, nem sempre o que vem em primeiro lugar é o melhor, mas, em nossas mentes, a primeira informação que captamos ganha um espaço proeminente.

O viés cognitivo do ancoramento representa nossa forte tendência a confiar nas primeiras impressões. Temos até um ditado popular para isso: "A primeira impressão é a que fica". As primeiras impressões são informações âncoras para tomada de decisão da mente humana. Sempre que você ancorar uma impressão sobre algo na sua vida, sua tendência natural será fazer ajustes para aproximar todo o resto da sua âncora, sem levar outros pontos de vista em consideração. Trocando em miúdos, nos apaixonamos por nossas primeiras impressões e faremos de tudo para confirmá-las.

Pensamos relativamente, em vez de objetivamente. As pesquisas provam que o ancoramento cria em nossas mentes um viés de comparação da primeira impressão com tudo o que vem após.

Uma pesquisa muito simples, feita por Strack e Mussweiler, confirmou a existência do viés do ancoramento. O processo consistia em perguntar a idade com que Mahatma Gandhi morreu a dois grupos distintos de pessoas:

- Ao grupo 1 foi perguntado: "Gandhi morreu antes ou depois dos 9 anos de idade?".
- Ao grupo 2 foi perguntado: "Ele morreu antes ou depois dos 140 anos?".

As duas informações são igualmente ridículas, mas as respostas dos participantes de cada grupo foram claramente influenciadas (ancoradas) por elas. O grupo 1 sugeriu 50 anos, enquanto que o grupo 2 sugeriu 67. Gandhi morreu com 87 anos.

Ancorar a questão com a idade de 9 anos levou o grupo 1 a fornecer um número significativamente menor, enquanto que o grupo 2, que estava ancorado ao número 140, forneceu um número mais alto, baseando-se em sua própria âncora.

Portanto, preste bem atenção na primeira informação que você recebe antes de tomar uma decisão, pois ela pode ter apenas a função de influenciar seu processo decisório. A primeira coisa que aprendemos sobre algo dá o tom a tudo o que pensaremos sobre aquele assunto no futuro.

O viés da conformidade

E se o que controla nossos pensamentos são as experiências passadas? Todos os estudos corroboram que as escolhas das massas influenciam diretamente como pensamos, mesmo que a escolha do grupo vá contra nosso próprio juízo. Este é o viés da conformidade. A regra é: em Roma, faça como os romanos. Dance conforme a música.

Embora esse viés nos leve sempre a tomar decisões equivocadas, no seu extremo ele ativa o efeito manada, um fenômeno em que o desejo natural que temos de pertencer ao bando faz com que nossas opiniões e vontades pessoais sejam suprimidas. E é claro que, quando estamos alinhados com a manada, seguindo o que todo mundo segue, sem qualquer tipo de questionamento, começamos a nos autocensurar, a limitar nossa criatividade, a negar nossa essência, a contrapor os próprios valores.

Todavia, instintivamente, SEMPRE preferimos estar em conformidade com o grupo ao qual pertencemos.

O viés do sobrevivente

Da mesma forma que as crenças do grupo pesam muito em nossas decisões, também caímos na armadilha de colocar nosso foco em histórias de pessoas que se sobressaíram, em vez de prestar atenção nas que não aparecem. Buscamos inspiração sempre em quem é referência, lembramo-nos sempre de quem é destaque, e esquecemos quem não aparece em meio à multidão. Louvamos Steve Jobs, mas esquecemos Gary Kildall, que foi também um grande cientista da computação.

O problema desse viés é que nos focamos apenas no 0,00001% das pessoas que são bem-sucedidas, e não na maioria das pessoas. O viés do sobrevivente nos empurra na direção dos gurus que possuem fórmulas prontas de um único caminho que leva ao sucesso. Mas é fato que um mesmo caminho NÃO FUNCIONA para duas pessoas diferentes. Todos sabemos disso. No entanto, gostamos de acreditar que existem fórmulas mágicas e que as pessoas que são referência para nós as possuem.

O viés da aversão à perda

Uma vez que tenhamos feito uma escolha na vida, e nos comprometido com um caminho a ser seguido, aparece o viés da aversão à perda, também conhecido como Efeito do Dote.

A aversão à perda foi popularizada pelos psicólogos Daniel Kahneman e Amos Tversky, que descobriram que o impulso mais forte do comportamento humano é tentar evitar perdas do que focar em ganhos potenciais. De fato, provavelmente evitaremos as perdas numa proporção duas vezes maior.

Um lugar onde podemos experimentar bem o viés da aversão à perda são os jogos de azar. Em um estudo, dois grupos de participantes receberam U$ 50,00 e lhes foi pedido que fizessem uma escolha. As opções do primeiro grupo eram:

- Ficar com U$ 30,00; ou
- Jogar com uma chance de 50% de ficar com todos os U$ 50,00.

As opções do segundo grupo eram:

- Perder U$ 20,00; ou
- Jogar com uma chance de 50% de ficar com todos os U$ 50,00.

Como você pode observar, as opções eram iguais, mas, ainda assim, do primeiro grupo, a quem foi dito que ficariam com U$ 30,00, 43% decidiram jogar. Do segundo grupo, a quem foi dito que perderiam U$ 20,00, 61% decidiram jogar.

Quando a mesma proposta é enquadrada sob seu aspecto de perda, voltamos ao comportamento avesso ao risco. Temos mais medo de perder o que já temos do que de ficarmos excitados com ganhos potenciais. Pense como isso tem afetado sua vida em todos os seus aspectos.

Ok, agora você já conhece os 5 principais vieses cognitivos e como eles afetam sua vida. Como lidar com eles? O que fazer para superá-los?

Se há um fio comum entre todos os vieses cognitivos é o fato de que SEMPRE relutamos em dar um passo atrás e olhar as coisas de uma perspectiva mais ampla. Preferimos trabalhar com o que sabemos e com o que queremos que seja verdade, ou seja, com o que queremos acreditar. Isso cega nossa visão racional das coisas, pois coloca viseiras em nossos olhos. A seguir, transcrevo alguns passos simples para que você NÃO CAIA nessas armadilhas da sua própria mente:

1. Antes de qualquer decisão, faça uma reflexão mais profunda para se assegurar de que não está agindo sob algum desses vieses cognitivos. Pergunte-se: "Por que acredito que tem que ser assim?".
2. Verifique se existem argumentos contrários à sua decisão. Se não consegue levantar esses argumentos sozinho, peça ajuda a pessoas próximas a você. Quem está de fora SEMPRE enxerga melhor.
3. Verifique se sua decisão está mais associada a fatos ou a crenças. Se for a crenças, repense, reavalie, reorganize.
4. Pergunte-se: "Estou seguindo o pensamento comum (manada) ou minha decisão está alinhada com meus valores pessoais? Estou fazendo isso porque é bom para todos? Ou porque é bom para mim, primeiramente?".
5. Levante os ganhos e as perdas que obterá ao tomar a decisão. Normalmente as pessoas que estão agindo com base em vieses cognitivos enxergam apenas os ganhos.

Existem centenas de vieses cognitivos e, sem eles, nossos cérebros simplesmente NÃO SERIAM capazes de funcionar. Porém, quando esses vieses assumem o controle dos nossos comportamentos, passamos a reagir ao mundo, e não a AGIR sobre ele.

É claro que um indivíduo reativo não está fazendo escolhas racionais. Racionais? Conta outra!!! O fato é que não somos racionais o quanto imaginamos ser. Somos seres emocionais, reativos, instintivos, previsíveis até. Pessoas livres têm essa consciência e não ficam lutando contra seus instintos, suas emoções, seus automatismos. Não há glória em tentar vencer as próprias emoções. Nossos cérebros mais primitivos são infinitamente mais poderosos do que nosso cérebro lógico e racional. Mas é evidente que, como humanos, podemos utilizar nosso córtex superior para direcionar a força dos instintos e emoções que habitam em cada um de nós.

18. UM POUCO MAIS SOBRE VALORES

Você já sabe o que são valores. Sabe também que existem valores meio e valores fim. Está consciente sobre o fato de que seus valores meio te levam aos seus valores fim. O que ainda não sabe, e vai saber agora, é que existem valores que só nos trazem problemas. Vamos chamá-los de valores sabotadores.

Os valores sabotadores têm uma característica em comum: geram prazer no curto prazo. Eles podem ser tanto meio quanto fim. O fato é que eles irão sempre sabotar seus resultados de longo prazo, pois, quando nos deixamos inebriar pelos prazeres imediatos, sabotamos o que poderíamos conquistar logo ali na frente.

Se você deseja verdadeiramente construir uma VIDA LIVRE, terá que saber identificar seus VALORES SABOTADORES. A consciência sobre eles irá contribuir para que você os evite ao máximo em sua vida.

Se você conversar com um usuário de drogas em dois momentos bem específicos – quando está drogado e, logo após, quando está sem o efeito da droga –, começará a compreender o que estou tentando explicar. O que leva uma pessoa a se drogar? Você pode pensar: seu vício. Ok! E o que a leva a se viciar? Busca pelo prazer imediato.

Bem no centro do cérebro humano existe um elemento chamado estriato ventral; nos animais, núcleo *accumbens*. Este é o centro da busca por prazer no sistema nervoso. A função biológica principal dele é capturar experiências que gerem prazer. Todas as histórias de usuários de drogas têm um padrão, um fio condutor comum: começaram com um pequeno experimento, criou-se um hábito, que virou um vício, e este foi sendo intensificado ao longo do tempo, pois a busca pelo prazer imediato NUNCA CESSA.

Pense em uma pessoa que está acima do peso e decide iniciar uma dieta alimentar e uma série de exercícios para queimar gordura, construir massa magra e atingir seu peso ideal. Por que será tão desafiador para ela dar sequência em sua decisão? Porque o prazer da ingestão de um prato saboroso é muito intenso, fazendo com que a pessoa aja pelo impulso do momento.

O prazer imediato é um valor sabotador, é um falso deus que leva à ansiedade, instabilidade emocional, estresse e tristeza extrema. O prazer imediato é o meio mais superficial de se obter satisfação. O prazer é capaz de nos entorpecer, distrair, inebriar. Muitas pessoas buscam o prazer imediato porque acreditam que ele é a causa da felicidade. Mas não é. O prazer é o efeito dela.

Outro valor sabotador é o SUCESSO MATERIAL. A régua que a sociedade normalmente utiliza para medir uma pessoa é seu sucesso material. É por isso que buscamos insanamente atingir esse nível de realização. Ou seja, a quantidade de dinheiro que você tem no banco, o carro que dirige, a casa em que mora, o estilo de roupa que veste definem quem você é. Mas veja que interessante: pesquisas indicam que, tendo nossas necessidades físicas básicas (comida, abrigo etc.) supridas, a correlação entre felicidade e sucesso material a partir desse ponto se aproxima de zero. Isso mostra que, se você passa fome e mora na sarjeta, vinte mil dólares a mais por ano teria um grande impacto em seu nível de felicidade e realização pessoais, mas, se você pertence à classe média, por exemplo, esses mesmos vinte mil dólares não teriam impacto significativo em sua vida. Porém, na prática, o que vemos é que as pessoas abrem mão de quase tudo em suas vidas para ter mais sucesso material. Trocam a vida por quase nada. Muita gente vai além, colocando o sucesso material acima de vários outros valores muito mais relevantes para a qualidade de vida de qualquer indivíduo.

Estar sempre certo também é um valor sabotador. Pessoas que funcionam assim, que não aceitam NÃO ESTAR SEMPRE CERTAS, sabotam, por exemplo, a qualidade dos seus relacionamentos. Pessoas que querem estar sempre certas em relação a tudo para se sentirem valorizadas NÃO CONSEGUEM aprender e evoluir com os próprios erros, não têm capacidade de empatia, pioram muito os níveis de sintonia e confiança com as demais pessoas.

Você é um otimista inabalável? Cuidado, pois este também é um valor sabotador. Deixe-me explicar por quê.

Há uma crença quase que dominante na sociedade hoje que diz que devemos ser otimistas em relação a tudo. Veja bem, não estou falando sobre ressignificar uma experiência que gera dor, estou relatando sobre pessoas que querem SER OTIMISTAS cem por cento do tempo. Perdeu o emprego? Ótimo, a empresa não te merecia! Perdeu a esposa? Fantástico, você vai conhecer alguém melhor! Sua empresa quebrou? Que incrível! Oportunidade para aprender e não quebrar mais. Você foi traído pela pessoa que ama com seu melhor amigo? Que bom! Pelo menos você descobriu com quem está lidando. É claro que existe valor em procurar o lado bom dos eventos e acontecimentos ruins em nossas vidas, entretanto, é mais maduro e inteligente reconhecer o que está acontecendo, ressignificar, lidar com a experiência e aceitar que às vezes a vida é uma droga mesmo. Isso é viver!

As pessoas que se dizem otimistas inabaláveis, na verdade, estão é negando sentimentos negativos, mas isso só aprofunda e prolonga o sentimento em si. É uma tentativa de fuga, mas não uma solução válida para a dor que está sendo sentida. Eu te pergunto: nunca houve na sua vida uma experiência negativa que te alavancou, te motivou, te colocou em um novo e melhor rumo na sua jornada? Você sabe que sim! Então, qual é o valor de ser otimista o tempo todo? A verdade é que algo vai dar errado, pessoas vão falhar com você, acidentes acontecerão. Tudo isso o jogará para baixo, é fato, mas está tudo bem, pois, ao sentir a dor da experiência negativa, você estará desenvolvendo seu músculo emocional. A dor ensina.

Mas não tente reprimir sua dor. Do ponto de vista das dores emocionais, podemos classificar as pessoas em dois grupos:

- **Os explosivos –** Quando estão sofrendo, explodem e destroem tudo e todos os que estão à sua volta;
- **Os implosivos –** Quando se deparam com dores emocionais, implodem e se destroem por dentro.

Acredite em mim, você não precisa pertencer a nenhum desses dois grupos críticos. Quando estiver sentindo emoções negativas, tente o seguinte: expresse-as de um jeito socialmente saudável. Por exemplo, quando estou com raiva, vou para a academia e descarrego toda a raiva que estou sentindo no meu treino. Sempre funciona! Algumas pessoas tentam controlar seus sentimentos negativos. Tentar controlar a raiva é como querer conter um vulcão em erupção tapando sua boca. O problema não são os sentimentos negativos, nunca foram; o problema é que as pessoas não sabem expressar o que estão sentindo de uma forma adequada. Aliás, acredito firmemente que NÃO EXISTEM sentimentos negativos.

Quando nos forçamos a ser otimistas o tempo todo, criamos uma condição de tentar tapar o sol com a peneira. E você sabe como é tentar tapar o sol com a peneira, não sabe? É apenas uma forma de negação dos problemas. Quando negamos nossos problemas, nos privamos da chance de resolvê-los. Já falamos sobre esse assunto antes, lembra? A resolução de problemas cria estados de felicidade.

A grande questão dos valores sabotadores é que eles geram prazer no curto prazo, mas, a longo prazo, exercitar o corpo e alcançar o peso ideal nos deixa mais felizes do que aquele bolo de chocolate maravilhoso que está agora diante dos nossos olhos. É claro que dá muito trabalho, é estressante, desafiador e gera muita dor, mas pense e reflita por um instante apenas: por mais que a montanha seja íngreme, repleta de perigos, cansativa ao extremo na subida, a vista lá do topo não valeria a pena?

Jamais vou esquecer uma frase da minha esposa na única vez em que ela se determinou a fazer e cumprir uma dieta alimentar. Para contextualizar, estávamos em uma festa onde serviram o prato que ela mais ama. Achei estranho o fato de ela não ter se servido de uma única colherada da iguaria. Quando questionei por que ela não estava se deliciando do prato que tanto amava, tive a resposta que me impactou: "Amor, o prazer que vou sentir agora, ao degustar este prato, será infinitamente menor do que o prazer que vou sentir quando atingir minha meta de peso e medidas corporais". Uuaaaauuuu!!! Ela sabia o que estava falando. Estava verdadeiramente disposta a pagar o preço. Havia compromisso real em seu olhar. Ela estava inspirada na famosa frase de Sigmund Freud: "Um dia, quando olhar para trás, os anos de luta lhe parecerão os mais bonitos".

Essa reflexão define por que não devemos pautar nossas vidas em valores sabotadores. Nada nos dá mais prazer do que a sensação incomparável de ter conseguido chegar lá.

Para vencer VALORES SABOTADORES é fundamental que saibamos quais são nossos valores essenciais (valores bons), coisas como liberdade, honestidade, ética, amor, comprometimento, enfim... Os valores essenciais norteiam a vida de uma pessoa para o rumo da verdadeira liberdade. Faz sentido isso, pois, se, para experimentar um momento de felicidade, preciso fumar, cheirar ou injetar algo em meu corpo, não passo de um prisioneiro. Se, para ter breves momentos de prazer, tenho que comer algo muito calórico que afetará a qualidade da minha saúde no futuro, estou encarcerado. Se, somente quando tenho dinheiro e o poder que ele traz, me sinto alguém especial, na verdade não sou ninguém.

Quais são seus valores essenciais? Eles têm algumas características:

- **São realistas –** Ou seja, mais gente acredita que são bons e valorosos;
- **São socialmente positivos –** Não agregam valor somente para você, mas também para outras pessoas, e para a comunidade onde você está inserido;
- **São controláveis –** Não dependem de nada que seja externo a você para gerar os efeitos que podem ser gerados. Por exemplo: honestidade é um valor que está a todo tempo sob o nosso controle;
- **Geram consequências positivas –** Nenhum valor essencial vai te fazer sentir ressaca moral, por exemplo. As consequências dos valores essenciais sempre são positivas. Se traz algum nível de consequência negativa, trata-se de um valor sabotador;
- **Seus efeitos aparecem muito mais no longo prazo –** Com o tempo, ao definir e praticar seus valores essenciais, você perceberá que eles se solidificam em seu caráter, tornam-se sua marca registrada, sua identidade.

Talvez uma boa diferenciação que podemos fazer aqui é que os valores sabotadores são externos a você, enquanto os valores essenciais são internos. Para alcançar os valores essenciais e seus efeitos, basta direcionar sua mente nesse sentido. Valores sabotadores dependem de eventos externos.

Outro dia li uma reportagem que falava sobre um movimento social novo: pessoas estavam alugando jatos para fazer *selfies* e postá-las. Nada mais superficial, frívolo e sabotador do que isso, mas vivemos em uma sociedade que está migrando perigosamente para esse cenário. Isso é preocupante, porque os valores que nos dominam norteiam nossas decisões. Nossas decisões definem nossos comportamentos. O que fazemos nos leva aos resultados que teremos.

19. PARE COM ESSA BALELA DE QUE POSITIVO E NEGATIVO SÃO OPOSTOS

Imagine a seguinte cena: seu celular acabou de tocar e você atendeu. Do outro lado da linha, uma voz gutural, soturna, assustadora, fala que acabou de sequestrar sua família. As pessoas que você mais ama estão em cativeiro. Um preço é definido pelo resgate: você terá que correr uma maratona de quarenta e dois quilômetros em menos de cinco horas. Seria desesperador, não?

Agora, imagine que você treina corrida há uns dois anos. Rotineiramente, três vezes por semana, faz seus percursos, que variam na distância, mas que, com sua constância, vão aumentando sua autoconfiança. E aumentam tanto a ponto de você decidir correr uma maratona. Chega o dia, as pessoas que você mais ama estão lá, esperando ansiosamente pela linha de chegada. E, quando você encerra sua primeira maratona, sua família em peso te recebe com muito carinho e reconhecimento. Seria um momento prazeroso e positivo? E a primeira imagem? Seria negativa?

Perceba: exatamente os mesmos quarenta e dois quilômetros, a mesma pessoa (você), as mesmas pessoas envolvidas (sua família), mas o resultado da sua percepção da experiência é completamente diferente. E por quê? Porque, na primeira imagem, a corrida foi imposta a você; na segunda, você escolheu espontaneamente correr. Entretanto, independentemente da imagem que você gostou mais, as duas experiências podem ser úteis. Ou não? Tanto quando você foi forçado a fazer ou quando escolheu fazer, você fez. E é isso que verdadeiramente importa.

Existem duas forças biológicas que movem a mente humana: 1. a aproximação do prazer; 2. o afastamento da dor. Nossos cérebros passam toda a vida tentando nos fazer aproximar de coisas que nos geram prazer e nos afastar de situações que podem causar dor. Ambas as estratégias são extremamente úteis: positivo e negativo, prazer e dor, conquista e perda, alegria e tristeza. Não importa, pois, em ambas as possibilidades, o resultado final é a AÇÃO.

A única diferença entre um evento doloroso e um poderoso é a sensação emocional que estamos sentindo, porém ambos nos fazem sair do estado de inércia. Se você está infeliz, insatisfeito ou desconfortável com algo em sua vida, irá se mover. Se está desejando conquistar algo importante, também partirá para a ação.

Acontece que o movimento mundial da motivação colocou essas duas poderosas forças – prazer e dor – em extremos opostos, definindo-as como inimigas uma da outra. A dor foi demonizada. O prazer se tornou um deus. Já li centenas de livros de autoajuda na minha vida, e todos apontam nessa direção: seja otimista o tempo todo, nunca permita o pessimismo, pense positivo, jamais permita-se pensar negativo. Isso é uma grande falácia, pois positivo e negativo são duas faces da mesma moeda, e ambas têm utilidade na vida humana.

Você sabe quem foi Helen Keller? Helen Adams Keller nasceu em 1880 em Tuscumbia, Alabama, Estados Unidos. Morreu em 1968. Aos dezoito meses de vida ficou cega e surda. Você consegue imaginar o que é para uma bebê de um ano e seis meses perder a visão e a capacidade de expressar-se linguisticamente? Talvez não!

Helen Keller sofreu muito durante boa parte de sua vida. Teve uma luta árdua para integrar-se à sociedade, afinal, não enxergava, tampouco falava. Mas, mesmo com todas as limitações, tornou-se uma célebre escritora, filósofa e conferencista. Ficou famosa pelo trabalho incessante que desenvolveu ao longo da vida para promover bem-estar às pessoas portadoras de deficiências. Porém, até os sete anos de idade, Keller ainda não falava, nem compreendia o significado das coisas. Imagine que você fosse um palestrante motivacional na época e, na tentativa de ajudar Helen Keller, dissesse a ela que devia ser positiva em relação às coisas da vida. É provável que aquela menininha cega e muda de sete anos não alimentaria os melhores pensamentos em relação a você. Faça-me o favor... O contexto era sim muito negativo na vida de Keller.

Foi aos sete anos que Keller conheceu uma professora chamada Anne Sullivan, de vinte e um anos. Sullivan foi morar na casa de Keller para ensiná-la. Como havia estudado em uma escola para cegos, pois, quando criança, também tinha sido cega, Anne Sullivan fez total diferença na vida de Helen Keller.

No dia 5 de abril de 1887, Helen e sua professora estavam no quintal da casa perto de um poço, bombeando água. A professora Sullivan colocou a mão de Helen na água fria e sobre a outra mão soletrou a palavra "água", primeiro vagarosamente, depois rapidamente. De repente, os sinais atingiram a consciência de Helen, agora com um significado. Ela aprendeu que "água" significava algo frio e fresco que escorria entre suas mãos. A seguir, tocou a terra e pediu o nome daquilo, e, ao anoitecer, já haviam relacionado trinta palavras aos seus significados.

Além de aprender a ler, escrever e falar, Hellen Keller demonstrou também excepcional eficiência no estudo das disciplinas do currículo escolar. Antes de formar-se, fez sua estreia na literatura escrevendo sua autobiografia A História da Minha Vida, publicada em 1902. Em seguida teve sua estreia no jornalismo, com uma série de artigos publicados. A partir de então, não parou mais de escrever. Usava para escrever uma máquina de datilografia em braile. Seus livros foram transcritos em várias línguas. Pouco antes da sua morte, Mark Twain disse que Hellen Keller tinha sido uma das duas personalidades mais interessantes do século XIX. Outra era Napoleão.

Hellen Keller recebeu inúmeros prêmios destacados, foi uma mulher notável, referência para a humanidade. Passava a maior parte do seu tempo lendo. Faleceu em 1º de junho de 1968 algumas semanas antes de completar 88 anos.

É importante lembrar que estou narrando a história de uma mulher poderosa que ficou cega e muda aos 18 meses de vida. A vida de Helen Keller poderia ter sido uma tragédia, mas ela escolheu torná-la diferente. Se você analisar com inteligência e alguma maturidade emocional, perceberá que o positivo e o negativo andaram de mãos dadas em toda a jornada gloriosa de Helen Keller. Então, pare com essa balela de que positivo e negativo são opostos. Não são! Pelo contrário: são complementares. Um não vive sem o outro.

Compreender e aceitar isso traz um NÍVEL MUITO ELEVADO de liberdade para qualquer pessoa, pois, quem aceita o positivo e o negativo como facetas presentes na vida, aprende a lidar com as mais variadas situações sem sofrimento emocional. Isso quer dizer, na prática, que pessoas LIVRES não se impressionam com momentos que denominamos como positivos, tampouco sucumbem diante de experiências marcadas como negativas.

20. TUDO É UMA QUESTÃO DE ÓPTICA

Eu sei que você já ouviu essa frase centenas de vezes: "Tudo é uma questão de óptica". Também imagino que sabe exatamente o que ela significa. Eu mesmo, neste livro, já mencionei sobre como nossos mapas influenciam nossos comportamentos e resultados.

Mas nada melhor que uma história real para você entender que pode RESSIGNIFICAR tudo na sua vida, até mesmo as maiores tragédias. A história que vou te contar a seguir não é para inspirar e motivar sua própria história, mas sim para você ter convicção de que sua vida, minha vida, a vida de qualquer pessoa no planeta é feita muito mais de momentos e eventos negativos do que de momentos e eventos positivos. Aliás, se pensarmos na força dos nossos mapas, negativo ou positivo depende da óptica.

Você deve conhecer bem esse cara. Notabilizou-se no cinema por seus filmes de ação. Assim como seu personagem mais famoso, Rocky Balboa, que saiu do nada para se tornar o maior lutador de boxe do mundo, o ator Sylvester Stallone teve que superar ENORMES DESAFIOS para se tornar o astro que é hoje, mundialmente reconhecido por personagens icônicos, como o já citado Rocky Balboa, Rambo e outros.

O ator teve que se superar para chegar onde está. Sua vida real é repleta de eventos negativos, tragédias, traumas, os quais teve que vencer para se tornar quem se tornou.

Stallone teve uma infância bem difícil, pois nasceu de um parto complicado que deixou sequelas: paralisia parcial dos nervos faciais. Ele chegou mesmo a acreditar que jamais conseguiria ser um artista por esse problema. Sofreu *bullying* durante quase toda sua infância, e recebeu um tratamento carregado de emoções negativas dos seus pais. Segundo ele próprio: "Recebi apenas dois beijos da minha mãe durante toda minha infância. Apanhei muito do meu pai...".

Na década de 1970, Stallone encontrava-se total e irremediavelmente falido. Vivia de trabalhos temporários, como cabeleireiro e fazendo a limpeza da gaiola dos leões no Central Park em Nova Iorque, e não conseguia, de jeito algum, ingressar no mercado cinematográfico. Teve que vender seu cachorro, Butkus, para fazer algum dinheiro para se sustentar. Stallone e o cão eram inseparáveis, mas, como todos os seus sonhos de sucesso estavam ainda muito distantes, e as contas não paravam de chegar, ele vendeu seu melhor amigo por 40 dólares. Stallone chorou copiosamente naquele momento.

Com a vida totalmente estagnada e definitivamente quebrado, ele roubou as joias da própria mulher para vender.

As coisas estavam insuportáveis para Stallone. Ia de teste em teste para o cinema e só ouvia NÃO. Foi rejeitado inúmeras vezes.

Acontece que, duas semanas após vender seu grande amigo, Sylvester Stallone viu uma luta de boxe entre Mohammed Ali e Chuck Wepner. O lendário Ali foi superior, mas Wepner aguentou a surra que levou como um verdadeiro guerreiro. Diante da resistência de Wepner aos socos de Ali, uma luz se acendeu no túnel escuro de Stallone. Foi isso mesmo que você está pensando: aquela luta o inspirou a escrever o roteiro de Rocky: Um Lutador. Ele mergulhou em um processo totalmente imerso de três dias para narrar a história do boxeador que apanhava muito, mas conseguia se superar.

Procurou um estúdio e ofereceu o roteiro com uma condição: seria o protagonista. O estúdio disse que pagaria 125 mil dólares, mas queria uma estrela de verdade no papel de Rocky. Stallone disse não e saiu com o roteiro embaixo do braço. Ele acreditava no que tinha em suas mãos. Na semana seguinte, o estúdio ofereceu 250 mil dólares, e depois 350 mil. Ambas as ofertas foram rejeitadas. Stallone não abria mão de ser o Rocky.

Após muitas negociações, idas e vindas, o estúdio aceitou a condição, mas disse que pagaria apenas 35 mil dólares, afinal. Stallone era um ilustre desconhecido, portanto aceitou. Não estava preocupado com o dinheiro, afinal vinha sobrevivendo sem ele há muito tempo. Ele queria a oportunidade.

Com o dinheiro em mãos, procurou a pessoa que havia comprado Butkus e pagou 15 mil dólares para ter seu grande amigo de volta.

Rocky estreou em 1976 tendo Sylvester Stallone como protagonista. Foi sucesso de bilheteria, público e crítica. Foi indicado a 10 categorias do Oscar, tendo vencido 3. O restante da história de Sylvester Stallone você já conhece. Hoje, é um astro multimilionário do mundo cinematográfico.

Narrei essa história para você entender, de uma vez por todas, que a vida de qualquer pessoa será recheada de momentos negativos, e que são eles que a levam aonde ela quer chegar. Não acredite em vida feliz cem por cento do tempo, em vida épica, sem sobressaltos ou problemas. Nem no universo do cinema isso acontece.

A grande diferença de Stallone em relação a milhares de outras pessoas, que também enfrentam as mais terríveis adversidades, foi e é a óptica com que ele encarou seus desafios pessoais. Fica evidente na história de Sylvester Stallone sua força mental, e ela advém da capacidade que ele teve e tem de ressignificar (dar novo significado) a tudo o que está acontecendo. Na mente de Stallone não existem experiências ruins, negativas. Ele sempre soube tirar proveito de cada acontecimento, de cada evento, de cada situação.

Esse talvez seja o grande desafio da imensa maioria das pessoas. Elas não sabem, ou não conseguem extrair coisas boas de "eventos ruins". Quando você aprende e pratica isso, NUNCA MAIS sofrerá de verdade na vida, e se tornará completa e definitivamente livre.

21. DIFERENCIANDO RESPONSABILIDADE E CULPA

Imagine que você, ao despertar hoje, e abrir a porta da frente da sua casa, encontrou um bebê recém-nascido em um cesto. É culpa sua o bebê estar ali? Com certeza não! No entanto, a partir desse exato momento, passa a ser sua responsabilidade. E, com essa responsabilidade, vem junto a necessidade de uma tomada de decisão. Não importa o que você fará. Talvez leve o bebê para o conselho tutelar, talvez o leve para dentro de sua casa, talvez até o leve para a porta de outra casa. Não interessa, você é responsável por ele agora.

A palavra responsabilidade vem do latim *respondere*, que significa "responder, prometer em troca". Dessa forma, uma pessoa que seja considerada responsável por uma situação ou por alguma coisa terá que responder por isso. Sendo assim, independentemente do destino que você dará ao bebê, a responsabilidade é sua. Você responderá pelo seu comportamento. As respostas podem ser positivas – por exemplo: você entra com um pedido de adoção desse bebê, a imprensa descobre seu feito, o divulga e você se torna reconhecido e respeitado por sua decisão. Mas as respostas também podem ser negativas – imagine que você assuma que não tem nada a ver com a situação dessa criança (e de fato não tem), deixando o cesto na porta da casa do vizinho. Acontece que, quando você estava transportando o cesto, foi filmado por alguém que passava na rua. O vídeo é postado na *internet* e você se torna a escória da sociedade, sendo totalmente execrado por ela.

Ser responsável é, primeiramente, se tornar consciente dos próprios atos e responder por eles. Pessoas livres fazem isto, assumem a responsabilidade.

Já a culpa é diferente. É evidente que não podemos culpá-lo por alguém ter deixado o cesto com o bebê na sua porta. Isso não é culpa sua. O sentimento de culpa é o sofrimento que sentimos após lidarmos com as consequências das nossas decisões. Por exemplo, supondo que você simplesmente foi indiferente ao bebê, e o transportou para a casa do vizinho, poderia sentir-se culpado após esse ato.

Acontece que, na vida real, o tempo todo somos responsabilizados por atos dos quais não temos qualquer nível de culpa. É assim que é!

Podemos afirmar que culpa é passado, responsabilidade é presente. Relembre a história do bebê na sua porta e entenderá bem a diferença dos conceitos. A culpa aponta para escolhas já feitas, enquanto que a responsabilidade indica escolhas sendo feitas neste momento, agora.

Você está insatisfeito com sua carreira, por exemplo. Não demonstra qualquer nível de satisfação com o trabalho que executa atualmente. Pode ser culpa da sua empresa alguma parcela do seu desconforto, mas é sua responsabilidade continuar lá, mesmo insatisfeito. Há uma diferença enorme entre culpar alguém por sua situação e esse alguém ser de fato responsável por ela. E esse é o GRANDE X da questão: a maioria das pessoas responsabiliza e culpa os outros ou situações fora de si mesmas por suas mazelas. Ninguém, além de você, é responsável por sua situação de vida atual, seja ela boa ou ruim. Talvez seu cônjuge faça coisas que te magoem, e isso culpa é dele (dela), mas é total responsabilidade sua deixar as coisas como estão e continuar se sentindo assim.

Quando tinha 36 anos, fali completamente a minha empresa. Minha situação financeira ficou crítica. Havia muitas dívidas e não tinha dinheiro para nada. Culpei muita gente, lembro bem... Meu banco, meus clientes, meu sócio, meus funcionários, a economia, o governo, enfim, a lista de culpados era enorme. Na época, em função principalmente do sofrimento emocional pelo qual estava passando, não conseguia ver, de forma alguma, que todas as dores que estava sentindo eram responsabilidade minha. Até poderia haver outros culpados, mas o único responsável por todo aquele CAOS era eu.

Depois de algum tempo de muitas lágrimas e reclamações, minha mente começou a mudar e entendi que, embora algumas pessoas e situações fossem culpadas por coisas que fizeram comigo e até impulsionaram minha falência, eu tinha sido o responsável por ter deixado que tudo acontecesse. E também era responsabilidade minha recomeçar. Foi o que fiz. Recomecei!

O mais interessante foi que, a partir da mudança da minha mentalidade, e da compreensão da diferença entre responsabilidade e culpa, comecei a melhorar rapidamente, mudei meu foco, o nível das minhas ações, trabalhei como nunca e, três anos depois, era um milionário. Havia quitado todas as dívidas e conquistado minha independência financeira.

Algumas pessoas sentem-se responsáveis pela felicidade ou infelicidade dos outros. Acredite em mim: você não é. Pode até ser culpado por algo que fez e que estimulou essa felicidade ou infelicidade, mas a responsabilidade de estar feliz/infeliz pertence somente ao indivíduo, a ninguém mais.

Pessoas que vivem VIDAS LIVRES são responsáveis por suas escolhas e comportamentos, e não alimentam culpas infundadas porque os outros dizem que elas são culpadas.

Outro dia, conversava com um cliente que estava emocionalmente muito abatido. Perguntei por quê. Ele respondeu que estava se sentindo culpado por ter traído seu sócio na empresa, fazendo com que o mesmo decidisse sair do negócio. Ocorreu que, após sair da empresa, a vida desse sócio desabou, muitas coisas negativas aconteceram. Uma frase do meu cliente marcou nossa conversa: "Sou responsável pelas desgraças que ele está vivendo agora". Eu disse que ele estava equivocado, que no máximo ele era culpado por ter traído a confiança do antigo sócio, mas a responsabilidade pelos sofrimentos atuais era exclusivamente do ex-sócio.

De fato, é assim que é. Não podemos ser responsáveis pelos resultados dos outros. No máximo, podemos carregar a culpa de ter feito algo que contribuiu, de alguma maneira, com esses resultados.

Hoje, alguns anos depois, tenho plena consciência de que fui o único responsável pela falência do meu negócio naquela época, e verdadeiramente sou grato por essa experiência negativa em minha trajetória, pois aprendi muito, evoluí a ponto de não cometer mais os mesmos erros. Talvez esteja cometendo erros novos, mas aqueles NUNCA MAIS. Essa evolução começou no exato instante em que assumi a responsabilidade por aquele momento trágico da minha vida.

Você pode estar pensando assim: "Tudo bem, Gérson, seu modelo faz sentido quando se trata de questões simples do cotidiano, mas quando nos deparamos com situações graves?". Deixe-me te dizer algo: a gravidade do problema não altera a realidade do fato. Se você for assaltado, é claro que não é culpa sua esse evento. Ninguém, em sã consciência, escolhe isso. Mas você é responsável, totalmente responsável por sua reação ao assalto. Isso pode inclusive determinar se você fica vivo ou não. Você pode reagir, quem sabe entrar em pânico, ficar paralisado, pedir socorro, tentar fugir. Não importa, o que e como irá fazer diante da experiência são escolhas e responsabilidade suas.

Resumindo a prosa, pessoas LIVRES não assumem culpas que não são suas, mas se sentem responsáveis por si mesmas, por suas escolhas e seus próprios comportamentos. Isso tem um nome: autorresponsabilidade.

A incompreensão da diferença entre responsabilidade e culpa faz com que muita gente boa transfira a responsabilidade dos próprios problemas para terceiros. Ao fazer isso, as pessoas perdem PODER PESSOAL, tornam-se prisioneiras da "incapacidade" de resolver as próprias demandas da vida.

Ser autorresponsável é deixar de se vitimizar diante dos eventos da vida, é tornar-se protagonista da própria história, é viver o que há para ser vivido no palco da existência. Essa é uma escolha que qualquer pessoa pode fazer, em qualquer momento da sua jornada. Muitas coisas que acontecem na sua vida definitivamente não são culpa sua, mas você SEMPRE é responsável pelo que vai fazer com o que lhe aconteceu. É zero por cento o que lhe acontece, mas cem por cento o que você fará com isso.

22. NÃO HÁ UMA FÓRMULA

Quem sabe você pode estar lendo tudo isso e pensar: "Tudo bem, entendi! Mas o que faço então? Já entendi que não sou tão especial quanto pensava ser, possuo valores sabotadores, transfiro a responsabilidade dos meus problemas, que vivo em função do meu ego, que sou um prisioneiro, mas e aí? Qual é a fórmula do sucesso? Qual modelo devo seguir para ter uma vida que realmente valha a pena?".

Infelizmente, ou, felizmente, NÃO HÁ UMA FÓRMULA.

Acredito que felizmente não há uma fórmula, porque assim, sem modelos definitivos de sucesso, sem ter que copiar ninguém, eu posso construir a minha própria fórmula. Quer melhor expressão de liberdade do que essa?

Todos fazemos escolhas. Essas escolhas estão relacionadas com as coisas que mais importam para nós naquele momento. São escolhas em função dos recursos de que dispomos. Para mudar, precisamos de novos recursos e identificar coisas mais importantes que as atuais. É simples e desafiador ao mesmo tempo.

É simples porque essa mudança está ao alcance das suas mãos. Depende diretamente do nível de consciência que você tem à sua disposição. É desafiador porque, quando não estamos alcançando os resultados que sonhamos e queremos, nos sentimos incompetentes, idiotas, verdadeiras fraudes. Ao sentir tudo isso, nosso estado emocional nos empurra para baixo e mudar fica cada vez mais distante. Como a mudança não acontece, o estado emocional se agrava a ponto de descarregarmos nos ambientes e pessoas que estão à nossa volta toda a energia negativa que nos domina. Entramos em um *looping* negativo que se retroalimenta sozinho. Ou seja, não consigo mudar minha vida miserável, fico frustrado e insatisfeito, passo a reclamar de tudo e de todos, as pessoas se afastam, me sinto ainda mais fracassado e repito o processo. Olho na *internet* e vejo "evidências inequívocas" de pessoas felizes, realizadas, lindas, plenas, vivendo vidas verdadeiramente "épicas". Tento copiar os modelos dessas pessoas e vejo que para mim NÃO FUNCIONA. Sinto-me um bosta. Você teve essa sensação? Milhares de pessoas são acometidas por ela todos os dias. Sabe a sensação de que nada parece dar certo? "Mas como pode ser? Eu segui o passo-a-passo que aquele modelo de sucesso me apresentou. Eu fiz tudo o que ele mandou fazer. Acordei às cinco da manhã, meditei, planejei minha agenda, segui o *script* literalmente e, ainda assim, minha vida não mudou como foi prometido que mudaria."

Por que não mudou? A resposta é simples e dolorosa: porque aquele é o modelo de sucesso daquela pessoa. Funcionou para ela, mas não vai funcionar para você. Assim como cada um de nós possui uma única impressão digital, também cada um de nós construirá sua única e intransferível história.

Sinto muito te dizer: não há uma fórmula! Até porque fazer mudanças na busca de novos e melhores resultados implica em superar quatro grandes barreiras. Lembra-se delas? E cada pessoa irá reagir a cada uma delas à sua própria maneira. Essa é a beleza de ser humano. Somos semelhantes e muito diferentes uns dos outros ao mesmo tempo.

Na verdade, estamos o tempo todo errados sobre muitas questões, e muitas vezes demoramos gerações para descobrir que estávamos de fato equivocados.

Há mais ou menos quinhentos anos, os médicos acreditavam que abrir um corte no braço de uma pessoa e fazê-la sangrar por algum tempo curava doenças. Os cientistas acreditavam que o fogo era feito de algo chamado flogisto. Mulheres passavam urina de cachorro no rosto porque acreditavam que prevenia o envelhecimento. Os astrônomos acreditavam que o Sol girava em torno da Terra. E hoje? Você acredita nessas coisas? Nossas crenças mudaram muito, com certeza. Naquela época, as fórmulas eram outras, mas, para aquelas pessoas, talvez funcionassem. Hoje, as mesmas fórmulas de sucesso de outrora são consideradas ridículas.

Quantas vezes você disse para alguém que não se importava, quando, na verdade, por dentro, estava se corroendo de tanto importar? A verdade é que vamos MUITO MAIS falhar ao longo da vida do que acertar, e existe gente que ainda busca fórmulas de sucesso para, numa tacada apenas, dar o pulo do gato e encontrar sua vida próspera e abundante.

As pessoas morrem de medo dos erros. Acredito firmemente que os erros SÃO A FÓRMULA. Pense comigo: se vou muito mais errar do que acertar durante toda a minha vida, faz sentido pensar que estarei constantemente aprendendo e evoluindo. É um processo infinitamente repetitivo.

Quando aprendemos algo novo, não passamos de errados a certos, mas sim de errados a um pouco menos errados, e assim vamos vivendo esse ciclo, de erro em erro, até atingir algum nível de evolução.

Alerta: muitas pessoas NUNCA ATINGEM EVOLUÇÃO ALGUMA, poque simplesmente não aprendem nada com seus erros. Olhando por essa óptica, o amadurecimento é processo matemático e científico.

Vamos imaginar que você tem agora vinte anos de idade. Cometerá alguns tipos de erros. Se aprender, não os cometerá aos vinte e cinco, mas, nessa fase, cometerá erros novos. Novos aprendizados, mais evolução, e assim você chega aos trinta. Aos trinta anos serão outros tipos de erros, não mais os dos vinte ou vinte e cinco anos, mas novos erros. Contudo, também serão novos aprendizados e evoluções. Você está amadurecendo.

Todo esse processo vai influenciando e modificando nossos valores, crenças, paradigmas, mentalidade, personalidade. Somos forjados todos os dias. A pessoa que está lendo essas linhas agora é resultado da forja imposta por todos os anos vividos anteriormente. E isso é lindo, pois tudo o que você é hoje, o ponto onde está, onde chegou, os resultados que conquistou, as pessoas que atraiu são, nada mais, nada menos do que o reflexo de tudo o que viveu anteriormente. Você foi preparado para estar exatamente onde está agora, assim como está sendo preparado para seu NOVO EU de amanhã. Portanto, meu caro, minha cara, tire da cabeça essa ideia de fórmula. Não existe modelo definitivo de sucesso. O que existe é o que funcionou ou não para você. Tanta gente fica obcecada por encontrar a fórmula da vida perfeita que simplesmente acaba não vivendo.

Não busque certezas. Não existem certezas. A única certeza é a de que nada é certo. A certeza é inimiga do crescimento. Você está onde está hoje, é quem é, fez o que fez na sua vida porque não tinha certeza de nada. Simplesmente foi lá e fez. Você navegou até aqui pela vida cheio de dúvidas e perguntas sem respostas. Por que então agora tentar encontrar respostas certas para tudo? Em vez de tentar enxergar que está certo o tempo todo, que tal você fazer o movimento exatamente oposto: aceitar que está errado o tempo todo, e que são seus erros que irão te fazer evoluir na jornada da vida? Por que não?

Essa visão nos abre possibilidades de mudanças. Equívocos sempre trazem oportunidade de crescimento, ou seja, evoluímos quando passamos a aceitar o fato de que somos totalmente falíveis.

Essa busca quase que insana que as pessoas estão fazendo por fórmulas de sucesso é justamente uma maneira de tentar aplacar um pouco o mar de incertezas que marcam nossas trajetórias pela vida. Mas isso é, no mínimo, estranho, porque alguns dos momentos mais difíceis e estressantes da nossa história acabam sendo também os que mais nos ensinam e motivam a seguir em frente, com mais força e determinação. Mais, também são os momentos que mais auxiliam em nossa formação. Em contrapartida, algumas das melhores e mais gratificantes experiências são também as que mais nos distraem, nos tiram do rumo daquilo que realmente queremos para nossas vidas. Isso acontece porque julgamos o que é bom e ruim com base somente no que estamos experimentando no exato instante da experiência. Nossos julgamentos sempre são precipitados.

Deixe-me dar um exemplo: no momento em que estava vivendo o meu primeiro casamento, considerei aquela a mais terrível e dolorida experiência da minha vida. Estava profundamente infeliz. Hoje, alguns anos depois, muito mais maduro, posso garantir que sou profundamente grato àquele relacionamento. Tudo o que vivi lá me preparou para ser hoje um marido muito melhor, um pai muito mais presente, alguém que tem muito mais consciência do seu próprio papel na família. Enquanto a história estava acontecendo, a julgava como a mais terrível história que já havia vivido. Hoje, a considero como uma importante etapa da minha história como um todo, e sou grato a ela. Aquele momento foi uma das minhas tantas forjas.

E assim é a vida de todas as pessoas. Fazemos muitas merdas e, quando estamos colhendo os resultados negativos delas, sofremos desgraçadamente. Mas não é necessário que o tempo avance muito para revermos nossos conceitos e passarmos a ver que aquelas merdas não fediam tanto assim; ao contrário, até tinham aromas agradáveis, pois nos ensinaram tanto, nos fizeram evoluir de tal maneira, que literalmente não conseguimos imaginar nossas vidas sem elas.

Essa consciência é o ápice da maturidade emocional de uma pessoa, e, quando a conquistamos, a sensação de liberdade para viver é incomparável. Mas perceba: para atingi-la, você terá que sofrer, sentir muitas dores em sua jornada. São as dores, e somente elas, que promovem essa evolução. Suas dores são subprodutos das suas falhas e erros. Portanto, podemos concluir que o ato de falhar e errar nos torna melhores a cada dia. E isso é maravilhoso!

23. VOCÊ É SERVO DE UMA SENHORA: A CRENÇA!

No que você acredita? Quais são as crenças que movem ou paralisam suas ações? Você tem consciência das suas crenças impulsionadoras? Conhece suas crenças limitantes? Tudo o que fazemos ou deixamos de fazer ao longo da vida está diretamente relacionado com nosso sistema de crenças.

Há muitos anos que realizo treinamentos de inteligência emocional. Neles, entrego ferramentas de mudanças que proporcionam às pessoas novos níveis de equilíbrio emocional, domínio dos relacionamentos e resultados nas mais diversas áreas da vida. É comum que, durante esses treinamentos, algumas pessoas me procurem para relatar situações dramáticas de suas próprias vidas na ânsia de encontrar soluções para suas dores.

A história que contarei a seguir reflete o que as crenças podem fazer com a vida de uma pessoa. No ano de 2008, durante uma sessão de terapia, Ana Maria Godói (nome fictício) teve uma revelação crítica sobre sua própria vida. Na infância, ela havia sido abusada pelo irmão mais velho, que na época tinha 18 anos, enquanto ela própria tinha acabado de completar seu oitavo aniversário. Você consegue imaginar o que significa para uma mulher descobrir, aos 36 anos, que tinha sido violentada sexualmente pelo próprio irmão, alguém que supostamente deveria protegê-la? O surgimento dessa memória reprimida, que ela própria não tinha consciência até então, foi um choque para Ana Maria. É claro que ela foi tirar satisfações com o irmão, com a família, com todas as pessoas que, até então, eram caras para ela. Todos ficaram horrorizados. O irmão negou tudo com veemência. Alguns ficaram do lado de Ana Maria, outros apoiaram o irmão dela, gerando assim uma divisão emocional grave na família. A dor tomou conta do ambiente familiar, gerando sofrimento, mágoa, rancor, conflitos.

Tudo aquilo estava devastando a família de Ana Maria e ela própria. O depoimento dela em uma das sessões do meu treinamento fez com que 40 pessoas chorassem copiosamente. Todos tomaram a dor de Ana Maria para si. Foi traumático!

Acontece que o fato nunca ocorreu de verdade. O irmão não a molestou sexualmente. A lembrança foi uma criação da mente de Ana Maria. Estávamos no ano de 2012 e, quatro longos anos depois, Ana Maria descobriu que criou um transtorno familiar sem precedentes porque acreditava que o irmão havia abusado dela. Como pode?

Durante a terapia que realizou em 2008, conduzida por um profissional, a mente de Ana Maria fantasiou uma experiência e ela passou a acreditar que tudo era verdade. Ela conseguia mesmo descrever imagens, sons e sensações do ocorrido. Estudos e pesquisas indicam que boa parte das nossas memórias foi criada.

É claro que ela se sentiu profundamente culpada e, logo após o treinamento, procurou a família e o irmão para pedir perdão e tentar a reconciliação. Contudo, até hoje ela luta para que o irmão a perdoe pela infame acusação. E talvez leve uma vida para que ela consiga amenizar ao menos um pouco a dor que gerou no seio da sua família.

Veja bem: o que a moveu a acusar o irmão foi uma crença. Ela acreditou, com todas as suas forças, que a lembrança era real.

Ana Maria não é um caso isolado. A humanidade está repleta de experiências aterradoras, que envolvem pessoas que fazem verdadeiros absurdos movidas por suas crenças.

Você já ouviu falar de James Warren "Jim" Jones? Jim Jones foi o fundador do Templo dos Povos, que promoveu o suicídio/assassinato em massa em novembro de 1978 de 918 membros do seu culto. Adultos e crianças ingeriram cianeto por acreditarem nas falsas promessas de Jim Jones. Uma crença fez com que pessoas "normais" tirassem a própria vida deliberadamente.

Nossas crenças determinam nossos comportamentos e, por consequência, determinam também nossos resultados. Isso se dá porque nossas crenças influenciam diretamente nossas memórias. A maior parte delas são criadas, ou seja, lembramos de coisas e situações que, na verdade, foram criadas nos porões das nossas mentes.

Com certeza você já brincou de telefone sem fio quando era criança, não brincou? Você sabe do que estou falando. É mais ou menos assim que a memória humana funciona. Você vive uma experiência hoje, e em alguns poucos dias se lembrará da experiência com algumas imprecisões. A lembrança é claramente distorcida. Quando vai contar a história do acontecido para alguém, terá que preencher algumas lacunas, lapsos de memória. Elementos novos serão agregados. Olha o telefone sem fio acontecendo! A versão original da experiência é atualizada e corrigida. Seu cérebro então passará a acreditar na versão atualizada. Não é mais o que aconteceu, é o que aconteceu com novos elementos agregados, criados. E assim, a cada vez que você contar a "lembrança" para alguém, ela será atualizada e corrigida. E você acreditará cegamente que tudo o que está contando é a mais pura e verdadeira expressão do que realmente aconteceu. Mas não é! Todos os humanos fazem isso. Nossas crenças determinam o que vamos falar e fazer no mundo.

Aprofundando o trabalho com Ana Maria, ficou evidente para mim que a falsa revelação se deu porque ela queria, em seu íntimo, que assim fosse. Depois de conhecer bem a história de vida dela, ficou fácil compreender por que ela havia criado aquela memória na sessão terapêutica em 2008. Sua vida estava uma droga na época, nada dava certo em todas as áreas em que atuava. Carreira, relacionamentos, finanças, espiritualidade, enfim, tudo ia muito mal. Ela precisava encontrar motivos que justificassem por que tudo estava uma merda. Ela encontrou. Na prática, o que a mente de Ana Maria fez foi dar a ela razões muito válidas para justificar uma vida tão desgraçada como a que estava vivendo.

Afinal, o trauma de um abuso do próprio irmão poderia justificar muita coisa, ou não?

Quando nossa mente processa as experiências, a prioridade é interpretá-las de maneira que sejam coerentes com tudo o que acreditamos, ou queremos muito acreditar. É capaz, inclusive, de inventar lembranças para reforçar tais crenças.

Será que Ana Maria viveu aprisionada todo esse tempo? Você já parou para pensar em quantas pessoas vivem prisões assim?

O grande desafio para qualquer pessoa é tomar consciência das suas crenças. A maior parte delas permanece em nível inconsciente durante toda a vida. Ficam ali, nos porões da mente, influenciando silenciosamente nossos comportamentos, atitudes, relacionamentos, intervindo em nossos resultados e nos fazendo ser quem somos. Somos servos das nossas crenças, fiéis servidores, e faremos de tudo para provar, na prática, que elas estão certas.

As crenças são, de fato, profecias autorrealizáveis, ou seja, criamos um quadro mental de algo em que acreditamos e agimos para provar que nossas crenças são a mais pura expressão da verdade. Eu sei o que você está pensando: somos esquisitos na essência. Mas talvez essa seja a grande beleza em ser humano. Nossas crenças podem impulsionar vidas verdadeiramente maravilhosas, ou, no polo oposto, podem nos fazer construir histórias sofríveis. Se você observar os comportamentos das pessoas de um modo geral, notará que elas fazem e deixam de fazer coisas, todos os dias, por causa das suas crenças.

A boa notícia é que qualquer crença pode ser reprogramada, e qualquer pessoa, não importa o que esteja vivendo, pode tomar consciência do seu sistema de crenças e fazer mudanças definitivas em sua vida. Quais crenças você tem hoje em relação, por exemplo, a relacionamentos, a dinheiro, à espiritualidade, à sexualidade e a outros temas quentes da vida? Quais dessas crenças te mobilizam a evoluir e a se tornar uma pessoa melhor? Quais crenças te paralisam e te impedem de mudar de nível?

Essas são perguntas que devemos fazer todos os dias para eliciar com clareza como nossas crenças estão impactando nossas vidas.

24. A LIBERDADE COMEÇA EM QUESTIONAR...

O Budismo é uma religião e filosofia orientais fundado por Sidarta Gautama, mais conhecido como Buda. A filosofia é guiada por seus ensinamentos, e prega que o caminho para a libertação está na consciência, ou na expansão dela. Para expandir seus níveis de consciência sobre tudo na vida, uma pessoa precisa questionar. Podemos concluir então que a proposta do Budismo para ser livre é QUESTIONAR.

Essa visão nos traz muitas vantagens em termos psicológicos e emocionais, pois, quando nos permitimos questionar, estamos sendo verdadeiramente livres. Afinal, o questionador está, na verdade, rompendo – ou tentando romper – com os padrões preestabelecidos.

O questionamento é um ponto de partida para a construção da liberdade. Se você quer, por exemplo, construir um relacionamento verdadeiramente livre com seu cônjuge, precisa ser capaz de questionar. Ao questionar a mentalidade, os comportamentos e ações da pessoa que ama, estará, na verdade, evidenciando seu amor. Nunca questionamos quem não nos interessa. Simplesmente ficamos indiferentes.

Mas por que as pessoas não questionam? A resposta é simples e desafiadora ao mesmo tempo: medo. Sempre é mais fácil concordar do que questionar.

Imagine a seguinte cena: você está assistindo a uma palestra motivacional. Outras mil e quinhentas pessoas estão presentes no evento. Em algum momento de sua retórica, o palestrante propõe que, para estar verdadeiramente motivado, e manter-se motivado ao longo da vida, você precisa, todos os dias, escovar seus dentes com a mão contrária àquela que habitualmente usa. Você ouve aquilo e acha ridículo. Pergunta para si mesmo: "O que isso tem a ver com motivação?". Mas, quando olha à sua volta, observa mais de mil e quinhentas pessoas anotando tudo e concordando cegamente com a mensagem. Pergunta: você irá questionar ou vai se resignar? Resposta fácil, não? A não ser que você seja um extraterrestre, irá ficar calado, ouvindo aquela baboseira sem fundamento, mas não questionará. Preste atenção! Nesse exato momento, em que você optou pela resignação, não questionou, mesmo não concordando com a mensagem, o que aconteceu foi que você abriu mão da sua liberdade.

Você deseja ser de fato uma pessoa livre? Meu conselho é: questione! Ao questionar, você permitirá que sua verdadeira essência venha à tona. Em outras palavras, estará se permitindo ser você mesmo. E, quando você ousa ser você, expressando sua essência, começa a construir um nível de liberdade na sua vida sem precedentes. Nada é mais libertador do que ser você mesmo, real, transparente, verdadeiro, sem maquiagens.

Talvez você possa pensar assim: "Pessoas questionadoras são chatas. Eu não quero ser um chato!". Tudo bem, faça sua escolha de viver de acordo com os padrões e dogmas estabelecidos. Você nunca será chato, mas também não experimentará o que é viver uma vida livre. Pessoas que se sentem de fato livres questionam não para serem chatas, mas sim para poderem expressar o que elas próprias acreditam. Não aceitam a imposição da manada porque têm valores essenciais claros e bem definidos, e preferem andar alinhadas com eles.

Pela óptica budista, expandir consciência é ter uma visão ampliada do mundo físico e espiritual. Como alguém pode construir essa visão ampliada se não questionar?

É fato, porém, que sempre é muito mais fácil e simples viver quando andamos alinhados com os modelos que são aceitos pela comunidade como reais. Quando não questionamos, somos mais bem aceitos pelo rebanho, e, quando seguimos as regras que nos são impostas, somos avaliados como pessoas normais. Questionadores são esquisitos.

Entretanto, baseando-me apenas e tão somente na experiência que possuo no desenvolvimento humano, posso afirmar, com irrefutável certeza, que as pessoas consideradas esquisitas são, via de regra, mais felizes, plenas, bem resolvidas e livres do que aqueles que chamamos de normais.

No ano de 1972, foi lançada no Brasil uma música de autoria de Rita Lee e Arnaldo Batista (seu marido na época). Essa música viralizou na voz incrível de Ney Matogrosso. Seu refrão dizia assim: “... dizem que sou louco, mas louco é quem me diz, e não é feliz...”. A mensagem de toda a letra da música é um questionamento ao *status quo*, ao politicamente correto, ao “normal”. Pessoas normais sim são chatas, pois querem impor seus padrões de normalidade sobre os outros. Portanto, questione! Somente questionando você irá manifestar no mundo sua essência, e somente manifestando sua essência é que experimentará o sabor incomparável da liberdade. Fique atento, pois será julgado e condenado pelos normais. Talvez até seja excluído do rebanho, mas viverá, de verdade, uma vida que vale a pena viver.

25. SE NÃO SABE O QUE FAZER, FAÇA MESMO ASSIM

Estava vivendo uma "vida estável e segura", com um emprego desejado por milhares de pessoas. Era um funcionário público muito bem remunerado. As peças da engrenagem da minha vida estavam perfeitamente encaixadas. Mas, apesar de todo esse cenário positivo, algo dentro de mim gritava de insatisfação. Eu me sentia oprimido, ia para o trabalho todos os dias com uma sensação de frustração enorme que me consumia. Toda vez que o pagamento do meu salário caía na minha conta, não me sentia merecedor daquele recebimento. Foram dias de muito e contínuo conflito interno.

Foi então que, no ano de 1996, tomei uma decisão. Decidi largar minha "promissora" carreira pública para me tornar dono do meu próprio negócio. Minha intenção era montar um escritório de consultoria para atender pequenas e médias empresas em processos de gestão. No meu planejamento (muito malfeito por sinal), em no máximo um ano estaria ganhando o mesmo salário que ganhava como funcionário público. Estava tudo certo, ao menos aparentemente.

Na verdade, eu não tinha a menor ideia do que estava fazendo. Estava deixando uma carreira sólida para me aventurar como empreendedor em um segmento em que nunca havia atuado até então. Meus planos furados muito rapidamente demonstraram-se piores do que eu imaginava e, apenas seis meses após minha exoneração do cargo público, eu já não tinha mais um tostão de reserva financeira. Estava quebrado. E pior: ainda não havia conquistado um único cliente para meu programa de consultoria.

Os meses passavam rapidamente e, na virada do ano de 1996 para 1997, eu me encontrava em uma situação financeira e familiar crítica. Contava com a ajuda de meu pai (um amigo verdadeiro para todas as horas) para conseguir alimentar meus filhos. A vida tornou-se uma grande merda. E eu havia feito tudo aquilo.

Mas, apesar do contexto difícil, da humilhação de ter que contar com meu pai, da vergonha que sentia ao olhar para meus filhos, ainda assim havia uma certeza em meu coração de que eu estava no caminho certo. Na época, não fazia ideia de onde vinha essa certeza. Hoje sei que ela estava calcada na descoberta do meu propósito de vida.

Eu estava sozinho, dono de uma empresa de uma pessoa só, eu mesmo. Vivia de favor na casa do meu pai, mas estava feliz. Sentia-me verdadeiramente livre.

Foi então que decidi agir. Não sabia como nem por onde começar, não tinha qualquer plano. Aliás, meus planos mostraram-se totalmente ineficientes, então faltava segurança para planejar novamente. Literalmente, não sabia o que fazer. Mesmo assim, fui lá e fiz.

Resolvi embarcar em meu carro, um Fiat Pálio vermelho com os documentos vencidos, e viajar quatro mil quilômetros para desbravar uma nova cidade com minha proposta de consultoria. Lembro-me bem daquela viagem. Ela foi ao mesmo tempo angustiante e motivadora. Angustiante porque sabia que meus recursos eram totalmente escassos. Estava mirando no desconhecido, realizando ações com altíssimo grau de risco. E ainda poderia ser abordado por algum policial rodoviário e ter meu veículo aprendido. Motivadora porque, lá no fundo da minha alma, eu sabia que estava iniciando uma nova e libertadora vida. De fato, eu estava certo.

Quando cheguei ao meu destino, não perdi tempo, comecei a trabalhar. Vesti a melhor roupa que tinha, um terno preto de algodão já bem usado, e fui visitar empresas para apresentar meu projeto de consultoria que as levariam ao sucesso. Veja que contradição: eu era o exemplo vivo do fracasso que prometia para empresários um projeto que os levaria ao sucesso. Foi extremamente desafiador. Visitei pessoalmente 236 empresas em 51 dias úteis de trabalho. Recebi 235 nãos. Faz sentido, pois bastava olhar para mim, para o meu carro, para notar a incongruência viva que eu era na época.

Mas alguém me disse sim. Hoje, relembrando a maneira como fechei aquele contrato, chego mesmo a acreditar que o empresário resolveu me contratar mais para me ajudar do que para eu ajudá-lo. A verdade é que o trabalho iniciou, decolou, e ambos nos ajudamos muito. Foi incrível. Aquela experiência (minha primeira experiência) de consultoria, que durou doze meses, foi o pontapé inicial de uma carreira absolutamente bem-sucedida que dura até hoje.

Estou narrando essa história pessoal para que você compreenda algo definitivo na vida humana: se não sabe o que fazer, faça mesmo assim. Pois, mesmo quando não sabemos o que estamos fazendo, o simples ato de entrar em ação e tentar fazer algo ativa nosso cérebro, inspirando ideias e soluções que antes estavam adormecidas.

Portanto, não fique aí parado, lamentando que a vida está ruim. Faça alguma coisa. As respostas surgirão no caminho.

O grande aprendizado que tive naquela longa jornada de "nãos recebidos" enquanto prospectava meu primeiro contrato de consultoria foi que a AÇÃO não é apenas consequência da MOTIVAÇÃO, é também sua causa.

Se você olhar para si próprio e para a maioria das pessoas, irá notar que normalmente a AÇÃO só acontece quando nos sentimos motivados ou inspirados para agir. Mas a motivação – você já sabe disso – é um estado emocional. Sua curva é instável e pouco duradoura. Ou seja, os estados motivados são efêmeros na vida humana. Então, se você depende da motivação para agir, NUNCA TERÁ constância nas suas ações, será aquele que sempre inicia e não acaba o que iniciou. Contudo, quando partimos para a ação, estando motivados ou não, novas reações emocionais acontecem, novas doses de inspiração são jogadas em nosso sistema nervoso, que, por sua vez, motiva novas ações.

Mas o que vemos na prática? Milhares de pessoas aprisionadas no conceito de que têm que estar motivadas para agir. Se você não está motivado para realizar determinada ação, FAÇA

MESMO ASSIM. Faça alguma coisa, faça qualquer coisa. Depois, aproveite o efeito da ação como combustível para estados mentais mais motivados. Quando começamos a agir, mesmo que não saibamos o que estamos fazendo, o simples fato de nos movimentarmos gera uma FORÇA MOTRIZ que mobiliza todo o nosso sistema biológico. O cérebro então entra nesse ciclo de mobilização e começa a criar e projetar ideias, soluções, emoções, comportamentos que mantêm o estado originado pela ação.

Você já ouviu falar do efeito BOLA DE NEVE? Quando iniciamos uma ação pequena, porém constante, com o passar do tempo essa ação vai aumentando seu volume e reverberando em mais ações. Por que será que pessoas que têm sucesso constroem mais sucesso, e pessoas que têm fracasso atraem mais fracasso? A bola de neve nunca começa grande; inicia com uma pequena pedra no topo da montanha, porém seu movimento gera um efeito de atração que faz com que, ao chegar no pé da montanha, ela já tenha devastado tudo por sua força e tamanho.

Pessoas que se sentem livres PARTEM PARA A AÇÃO, não ficam presas em desculpas e motivos imaginários para não agir. Elas simplesmente vão lá e fazem, porque sabem que, se ficarem paradas, estarão aprisionadas na inércia. Só há vida quando há movimento.

> "Se alguém te oferecer uma oportunidade incrível, mas você não tem certeza de que consegue fazer, diga sim – e depois aprenda como fazer."
>
> Richard Branson

Acredito no mesmo que Richard Branson acredita. Nós construímos as oportunidades enquanto caminhamos pelo caminho.

Pense um pouco. Quando seu carro está em movimento, há uma energia em ação – a energia cinética (energia do movimento). Essa energia é gerada pela energia mecânica (energia da força). A energia mecânica, por sua vez, é gerada pela energia da combustão. Então, é o combustível que inicia todo o processo. Para seres humanos não é diferente. Quais são seus combustíveis? Qual é a sua força de combustão? Muitas pessoas acreditam que a motivação é um combustível confiável, mas não é. Eu, particularmente prefiro outro: a força de vontade. Escolho a força de vontade porque esse é um combustível que não depende dos meus estados emocionais, depende de uma escolha consciente da única parte do meu cérebro que me diferencia das demais criaturas: meu córtex pré-frontal.

Pessoas que têm força de vontade fazem o que deve ser feito, mesmo que não queiram fazer, mesmo que a motivação para fazer esteja abaixo de zero, em níveis críticos. Elas escolhem fazer o que deve ser feito, sabendo ou não fazer. E isso é lindo! Essa combustão desperta uma força (energia mecânica) poderosa. E essa energia leva qualquer um a se mover (energia cinética). Movimento é vida. Movimento é ação. Somente ação muda os resultados de um indivíduo.

26. A ÚNICA CERTEZA: VOCÊ VAI MORRER

Você já percebeu que, de uma maneira geral, as pessoas vivem como se não fossem morrer? E morrem como se não tivessem vivido? Estranho, né? De fato, somos animais muito esquisitos.

Como já mencionei aqui, em meus treinamentos comportamentais e de inteligência emocional, costumo viver experiências muito marcantes. Esses eventos deixam marcas para uma vida inteira, e me fazem crer cada vez mais que, quanto mais buscar viver com liberdade, mais aproveitarei minha curta passagem nesse pequeno planeta.

Quero compartilhar com você mais uma dessas histórias. Vou narrar um momento impactante que vivi com um aluno em uma das minhas turmas. Vou chamá-lo de Pedro, um empresário muito bem-sucedido de 45 anos que liderava uma equipe de mais de oitenta funcionários.

Acontece que esse bem-sucedido empresário guardava em seu coração uma dor profunda e cortante que o acompanhava há sete anos. Nesse período ele sofria calado, vivendo um amálgama de tristeza, arrependimento, culpa e rancor. Sete anos antes do nosso encontro no treinamento ele havia perdido seu pai. O que sucedeu foi que, por decisão dele e de seus irmãos, nos últimos anos da vida do pai, resolveram deixá-lo sozinho em uma das fazendas da família. O velho lá ficou por mais de três anos vivendo sua vida na companhia de um funcionário da fazenda, que testemunhou os últimos dias do pobre homem. Pedro, por mágoas do passado em relação ao próprio pai, nunca o visitava, mandava mensagens ou mesmo um simples recado. Tocava sua vida em frente como se seu pai simplesmente não existisse. Em função do rancor que guardava em seu coração, preferia relegar o próprio pai a um plano de indiferença e distanciamento.

No ano de 2010, o pai de Pedro faleceu de um infarto fulminante, sozinho, esquecido, abandonado, no pôr do sol de uma tarde de sexta-feira. Até aquele momento Pedro agia como se o pai fosse um mal permanente em sua vida, mas bastou tomar conhecimento da morte do seu progenitor para que uma dor muito forte invadisse seu coração. De 2010 a 2017 (ano em que o conheci), Pedro alimentava uma amargura profunda que era sustentada pelo arrependimento do tratamento que deu ao seu pai nos últimos anos da sua vida.

O mais interessante é que eu soube depois que a própria esposa de Pedro o aconselhou inúmeras vezes a procurar o pai, conversar com ele e promover a reaproximação, mas Pedro NUNCA quis. Agia como se tivesse todo o tempo do mundo e, com total arrogância, ignorava a existência daquele que havia dado o maior presente de todos: a própria vida.

Assim como qualquer um de nós, Pedro só se deu conta da grande bobagem que tinha feito quando percebeu que não havia mais como revertê-la. Ele próprio me relatou que, quando viu o corpo do pai no caixão, durante o velório, sentiu um desespero nunca experimentado em sua vida, pois não havia mais como recuperar o tempo perdido. Ele desejava apenas mais um minuto para pedir perdão ao pai e dizer que o amava, mas não era mais possível.

A história de Pedro é um exemplo que representa muito bem como milhões de pessoas vivem suas vidas. Permitem ficar aprisionadas por sentimentos ruins, por mágoas absurdas, por rancores infundados. Atuam como se tivessem todo o tempo do mundo e, quando se dão conta, já é tarde demais.

O sofrimento de Pedro era visível em seu olhar. Apesar de todo o sucesso em várias áreas da sua vida, ainda assim dava para notar que aquele homem não era completo. Um vazio existencial o corroía há sete longos anos.

Há uma única certeza na vida: você vai morrer um dia. Todo o resto são possibilidades.

Enquanto Pedro narrava sua história perante um grupo de trinta e cinco pessoas, fiz o que pude para conter minhas lágrimas. Foi inevitável sentir empatia pela dor de Pedro. Naquele final de semana havia duas semanas que eu não ligava para o meu pai. Nossa relação é maravilhosa, mas, veja você, lá estava eu repetindo os mesmos erros de Pedro. No primeiro intervalo que tive, liguei para o meu velho. Estava com um nó na garganta. Bastou ouvir a voz dele para expressar em tom choroso: “Pai, eu te amo!”.

É claro que ele achou estranha aquela ligação. Perguntou: "Está tudo bem, filhão? Aconteceu alguma coisa?". Foi então que chorei como um menininho chora no colo do pai. Lavei a alma.

Durante algumas semanas sonhei com Pedro e com o pai dele. Vi e revi a história em minha mente várias e várias vezes. Em um dos sonhos, lembro de ter visto o pai de Pedro, que estava em pé, à minha frente, perguntando: "Por que você se sente assim? Por que se importa tanto com minha morte, se você mesmo ainda tem tanto medo de viver?". Naquela madrugada acordei assustado. Minha esposa também foi despertada pelo meu sobressalto. Olhei-a nos olhos, a abracei por longos segundos e sussurrei em seu ouvido: "É maravilhoso estar vivo e ter a oportunidade, mais uma vez, de ser melhor para você, nossos filhos, nossa família, para as pessoas que amo e, principalmente, para mim mesmo".

A história de Pedro e seu pai marcou a vida de outras trinta e cinco pessoas naquele final de semana, mas em mim deixou uma impressão indelével, que influenciou e influencia minhas atitudes e comportamentos até hoje.

Não sei nada sobre o amanhã, mas sei tudo sobre o agora. É este momento que tenho, e farei tudo o que estiver ao meu alcance para vivê-lo da maneira mais intensa, visceral, verdadeira que puder viver. Assumi um compromisso naquele final de semana de viver minha vida de verdade.

Eu imagino que você não saiba quem foi Ernest Becker. Foi um acadêmico, PhD em antropologia, que comparou as práticas do zen budismo e da psicanálise, duas práticas que eram malvistas em sua época pela sociedade.

Becker morreu em 1974, alguns meses depois de descobrir que tinha câncer colorretal. Antes de abandonar essa dimensão, ele escreveu um livro que falaria sobre a morte. A Negação da Morte ganhou o prêmio Pulitzer e se tornou uma das obras mais influentes do século XX, impactando a psicologia, antropologia e até mesmo a filosofia.

O livro defende dois pontos:

1. Os seres humanos são os únicos animais capazes de formar conceitos abstratos sobre si próprios. Os demais mamíferos não conseguem tal feito, não ficam se preocupando com o futuro, ou mesmo se arrependendo do passado. Somente nós, humanos, somos capazes de dar significado às coisas da vida. E é por causa dessa habilidade unicamente humana que nós, em algum momento, tomamos conhecimento da inevitabilidade da própria morte. Como somos a única espécie capaz de imaginar versões alternativas da realidade, também somos os únicos a visualizar uma realidade da qual não fazemos parte. Essa percepção, segundo Becker, causa PAVOR DA MORTE. Essa ansiedade existencial serve como base para tudo o que pensamos, fazemos e vivemos.
2. A segunda premissa de Becker é que temos dois "EUS". O primeiro é físico – que come, dorme, procria e faz cocô. O segundo é o EU CONCEITUAL – a nossa identidade, ou a forma como nos vemos.

Todos sabemos que o EU FÍSICO vai acabar um dia, pois a morte física é inevitável, e isso nos mata de medo em cada uma de nossas células. Para compensar a perda do EU FÍSICO, tentamos construir um EU CONCEITUAL, ou seja, aquele que viverá para sempre, pelo menos na memória das pessoas. Becker chamou esse esforço de "PROJETO DE IMORTALIDADE".

Mas o que acontece quando nossos PROJETOS DE IMORTALIDADE fracassam? Quando o significado das nossas vidas se perde? E quando sabemos que nosso EU CONCEITUAL morrerá juntamente com o EU FÍSICO? Se pensou em um sofrimento tão intenso que afeta até mesmo nosso DNA, você está certo.

Imagine o que foi para o pai de Pedro morrer sozinho naquela fazenda, esquecido pelos próprios filhos. Imagine também o que foi para Pedro saber que contribuiu para a morte do EU CONCEITUAL do próprio pai.

Pessoas livres permitem-se construir seus EUS CONCEITUAIS ao longo de suas vidas, pois vivem suas histórias totalmente alinhadas com seus valores essenciais. E mais: elas têm clareza quanto aos seus propósitos, e vivem suas histórias de maneira que eles sejam construídos, esculpindo assim uma marca que jamais será esquecida, mesmo após suas mortes.

27. SETE GRANDES LIBERDADES PARA VOCÊ...

Viver uma vida livre não é viver em contraposição às regras e normas sociais, tampouco é abandonar seus sonhos e causas de vida. Viver uma vida livre é uma escolha. Escolher ser livre significa que você vai se voltar primeiramente para sua essência, para tudo aquilo que realmente importa na sua própria vida. Significa libertar-se de amarras, medos, crenças limitantes, angústias, rótulos, paradigmas que te impedem de ser aquilo que VOCÊ QUER SER de fato.

Quando comecei a construir o conceito da VIDA LIVRE, eu mesmo era um prisioneiro de várias situações, demandas, experiências e pessoas que me encarceravam em teias das quais "não conseguia sair". Minha decisão de mudança se deu no exato momento em que escolhi parar de agradar os outros, alinhar minha existência com meus valores essenciais, priorizar a mim mesmo em detrimento de todo o resto. Confesso que foi uma escolha dolorida, pois, quando você passa a se priorizar, as pessoas começam a olhar atravessado, a tecer comentários inadequados sobre você, a se afastarem física e psicologicamente. É preciso muita resiliência quando percebemos que estamos sendo rejeitados pelo bando. Mas acredite em mim: vale a pena!

É claro que essa escolha implica em uma NOVA JORNADA de vida. É um processo que demanda tempo e paciência. É como subir uma escada. Subi-la será exaustivo, você sentirá vontade de desistir, irá olhar a todo momento para onde estava (no pé da escada) e terá vontade de retornar. Mas acredite, o topo dessa escada é maravilhoso, pois, quando sentimos que somos VERDADEIRAMENTE LIVRES, conquistamos coisas que não podem ser mensuradas. Veja se tudo isso interessa a você:

- Domínio das próprias emoções e reações perante a vida e as pessoas;
- Relacionamento intrapessoal (você com você mesmo) muito mais equilibrado;
- Relacionamentos interpessoais (você com os outros) mais saudáveis, pautados em sintonia, harmonia e confiança;
- Maior capacidade de viver o momento presente, desapegando-se do passado, projetando menos o futuro;
- Foda-se totalmente ligado para as opiniões dos outros sobre você;
- Domínio do seu sistema de crenças, sendo capaz de ressignificar todas as crenças que te limitam;
- Medos totalmente superados, principalmente os infundados;

- Entendimento claro do seu sistema de valores essenciais, entendendo o que realmente importa na sua vida;
- Muito mais habilidade para lidar e superar problemas;
- Maior serenidade, paz de espírito e tranquilidade para viver.

Pergunte-se então se deseja ter tudo isso na sua vida, se quer pagar o preço de buscar, construir e instalar esse nível de liberdade.

Voltando então ao conceito da escada, quero te apresentar a escada de 7 GRANDES DEGRAUS que escalei para viver a vida livre que vivo hoje. Cada degrau subido é uma liberdade conquistada. Ao conquistar as 7 liberdades propostas, você notará que todos os benefícios que acabei de elencar serão verdades presentes em sua própria vida.

1º degrau: Liberdade para ser quem ou o que quiser ser

Desde os tempos mais remotos, a humanidade vive em função de dogmas sociais. Esses dogmas impõem limites ao comportamento das pessoas, tornando-as prisioneiras de modelos considerados como "ideais". Na prática, funciona mais ou menos assim:

- Você tem que ter sucesso para ser feliz;
- Você tem que ser magro(a);
- Você tem que fazer o que é certo;
- Você tem que ter disciplina para realizar o que deseja;
- Você tem que ser motivado(a);
- Você tem que ser um bom(boa) aluno(a);
- Você tem que acreditar no que todo mundo acredita.

São tantos os modelos considerados como certos, são tantas obrigações, que as pessoas literalmente se esquecem de viver. Passam apenas a existir, pois estão o tempo todo tentando satisfazer os modelos impostos. E é claro que nunca iremos alcançar esses modelos ideais, nunca estaremos 100% alinhados com os paradigmas que são definidos como modelos sociais. Como já mencionei algumas vezes, o movimento mundial dos GURUS DO SUCESSO vem impondo mais um modelo: o modelo do sucesso definitivo. Mais um dogma!!!

E se você se sentisse totalmente livre para seguir seu próprio modelo de vida ideal? Para viver com a grana que bem entendesse? Para aceitar seu corpo como ele é e ser feliz com ele? Para experimentar o que de fato quer experimentar da vida? E se você pudesse se libertar de todo e qualquer dogma e aprendesse a criar seu PRÓPRIO MODELO DE SUCESSO? Um modelo único, pessoal, intransferível?

Isso dependerá exclusiva e principalmente do nível da sua inteligência emocional. Pessoas que são emocionalmente mais bem resolvidas, equilibradas e blindadas SENTEM-SE LIVRES para viver suas essências e se desprenderem dos dogmas e regras sociais. Isso se deve ao fato de que o domínio das nossas emoções nos faz libertar do efeito manada. Ser o que ou quem quiser não significa viver alheio à sociedade, transgredindo normas e leis, colocando-se à parte no convívio com nossos semelhantes; significa permitir-se ser VOCÊ MESMO, independentemente de contextos, pessoas envolvidas, modelos pré-existentes, dogmas estabelecidos. Se você observar com atenção, notará que as pessoas que escolhem este caminho são rotuladas como esquisitas, loucas, desequilibradas. Lembra-se da Balada do Louco?

Ser você mesmo é desafiador porque implica em confrontar modelos que são aceitos como válidos para todos, padrões que definem as regras do jogo. Prepare-se: você será criticado e julgado se decidir SER VOCÊ MESMO.

Mas o fato é que, quando decidimos viver nossa essência, nos tornamos COMPLETAMENTE LIVRES, isso porque você para de vestir máscaras sociais para agradar os outros e adaptar-se. Você deixa de depender da aprovação alheia para sentir-se bem, e, acredite, isso não tem preço. Está tudo bem se sua essência desagrada aos outros, desde que ela não desagrade a você.

2º degrau: Liberdade de tempo para VIVER DE VERDADE

Olhe para sua vida neste exato momento. Faça uma avaliação sincera e verifique se você não está correndo de um lado para o outro, repetindo rotinas escravizantes, indo e vindo para os mesmos lugares todos os dias, porque está faltando tempo.

Nove entre dez pessoas reclamam que não possuem tempo suficiente para fazer tudo o que gostariam em suas vidas. É uma falácia! Na verdade, o tempo disponível para cada pessoa é uma variável absolutamente democrática. É igual para todos. Indo além, o tempo é um elemento totalmente subjetivo criado pela mente humana. Se você perguntasse que horas são para uma família de babuínos na floresta, eles te olhariam de modo confuso e incrédulo, pois na natureza só existe um tempo: o presente.

Acontece que, na condição humana (*Homo sapiens sapiens*), há um córtex superior que nos permite abstrair as experiências da vida.

Nossos cérebros são capazes de criar metáforas para que possamos dar significado para tudo o que vivemos. A contagem do tempo é uma dessas metáforas. Desde que o homem notou pela primeira vez o movimento regular do sol e das estrelas, percebemos que poderíamos contar o tempo e dividi-lo em blocos. Por volta de 1500 a.C., os egípcios desenvolveram um relógio de sol em forma de "T", colocado no solo e calibrado para dividir o intervalo entre o nascer e o pôr do sol em 12 partes, com base no número de ciclos lunares. Essa divisão durante o dia formou a primeira representação do que chamamos de "hora".

Desde então nos tornamos prisioneiros dessa dimensão, e hoje a maioria da humanidade não vive, apenas sobrevive, simplesmente porque acredita NÃO TER TEMPO.

E se você pudesse ter tempo disponível para fazer tudo o que realmente deseja e importa na sua vida? E se fosse possível você se libertar da prisão do relógio e construir uma rotina com menos pressão, mais ócio para fazer o que bem entender de cada minuto que ainda resta na sua jornada? Seria mais interessante viver?

O tempo é um recurso extremamente valioso e finito. Você provavelmente comemorou ou comemora mais um aniversário neste ano. Normalmente as pessoas declaram mais um ano nas datas dos seus aniversários. Declaração errada! O correto seria MENOS UM ANO. Nosso tempo está acabando. Essa é a única certeza que temos em relação ao tempo.

Mas por que, mesmo conscientes de que não temos todo o tempo do mundo, ainda assim atuamos como se tivéssemos? E mais: por que, quando nosso tempo acaba, lamentamos não ter aproveitado o suficiente? Paradoxal, não? Vivemos como se tivéssemos todo o tempo do mundo, morremos como se não tivéssemos tido tempo suficiente.

Tenho me dedicado a estudar a forma como as pessoas usam o tempo em suas vidas e, após vários anos de estudo e pesquisa, posso afirmar com toda a certeza que NÃO FALTA TEMPO para ninguém. O tempo de que dispomos é suficiente para trabalhar, prosperar, enriquecer, cuidar da família, do corpo, da mente, do coração, aproveitar a vida, dormir, reproduzir, viver, enfim...

O que ocorre é que a distribuição e organização que as pessoas normalmente fazem do seu tempo é extremamente ineficiente. A rotina de qualquer pessoa é normalmente composta por 3 tipos de atividades. Todos nós ocupamos nosso tempo com esses 3 grandes grupos de atividades:

- **Urgências**

São acontecimentos, eventos que drenam a energia porque são efeitos da falta de planejamento e controle da própria rotina por parte de qualquer pessoa. É mais ou menos assim: você vai deixando algo para depois, por tempo suficiente até que que se torne uma URGÊNCIA na sua vida, e assim você fica maluco(a) para resolver aquilo, pois tem a sensação de que, se não o resolver, sua vida acaba. É claro que esse tipo de atividade gera altos níveis de ansiedade e estresse, e nos traz a sensação de que NÃO TEMOS TEMPO.

Vamos imaginar, por exemplo, que hoje a escola do seu filho enviou um AVISO de que em 30 dias haverá uma importante reunião de pais. Todos os pais deverão estar presentes, pois serão tratadas questões relevantes da formação do seu menino. Você não costuma planejar sua rotina em agenda e "guarda na memória" o compromisso que foi gerado com trinta dias de antecedência. Os dias passam e, em sua rotina de trabalho, família, responsabilidades e tarefas, você se esquece da reunião que foi agendada com bastante antecedência. Na véspera, chega no material escolar do seu filho um lembrete de que no dia seguinte acontecerá a reunião. Só que, como você esqueceu, também agendou para o mesmo dia, no mesmo horário, uma reunião com seu principal cliente. Eureca: você terá um dia de urgências, ficará irritado, inquieto, estressado, mal-humorado, pois sabe que irá falhar com alguém importante na sua vida.

- **Coisas importantes**

São tarefas e atividades que precisam ser feitas, mas que geralmente podem ser delegadas ou transferidas para outra pessoa, ou seja, alguém pode fazer isso para você. Contudo, somos naturalmente egoístas e centralizadores. Acreditamos que ninguém faz as coisas como nós fazemos. É claro que se trata de um equívoco de percepção, mas, se trazemos para nós tudo o que acreditamos que deve ser feito, ocupamos em excesso nosso tempo e nos tornamos sobrecarregados. Vai faltar tempo sim!!! Mas vai faltar tempo não porque não há uma quantidade de horas suficiente em seu dia, mas sim porque você costuma pegar para você o que não é seu. Desapegue!

De um modo geral, as pessoas costumam classificar tudo em suas vidas como IMPORTANTE. Falta senso de priorização para a mente humana, e atropelamos nossas vidas com um monte de coisas que não somos nós, necessariamente, que temos que fazer.

Deixe-me te dar um exemplo. Há uns 5 anos atendi um empreendedor no processo de consultoria que desenvolvo. Seu objetivo era melhorar sua qualidade de vida, mudando os resultados e a organização da sua empresa. Descobri rapidamente que ele tinha um perfil muito específico: centralizador e perfeccionista. Pegava tudo na empresa para resolver, até mesmo questões que seus gerentes poderiam resolver. E ele tinha doze gerentes no negócio.

Todos lamentavam o fato de que o patrão não deixava que eles resolvessem as questões ligadas às suas atribuições. Na verdade, o cara era um mala, se metia em tudo, não deixava as pessoas trabalharem, não sabia delegar e reclamava o tempo todo que não tinha tempo. É claro que não tinha! Como uma pessoa conseguirá gerir doze lojas centralizando tudo das operações de cada loja nela mesma? Não consegue! Ele trabalhava em média 14 a 15 horas por dia, e não tinha vida fora do trabalho. Era ausente da família, não praticava exercícios físicos, era uma pessoa sem qualquer momento de lazer. Ou seja, não tinha tempo.

Tudo o que ele fazia era de fato importante, mas, após alguns meses juntos, descobrimos que setenta por cento de toda aquela rotina maluca poderia ser delegada. Ele me ouviu, delegou, mudou sua vida.

- **Prioridades**

É tudo o que vai colocar sua vida no nível que sempre sonhou. Vou dar um exemplo. Imagine que você sonha em ser músico, e até tem talento para isso, mas precisa ganhar dinheiro para bancar seu padrão atual de vida, e, para tal, trabalha em outra atividade. Seu trabalho não o realiza, mas você tem que pagar as contas. Seu coração pulsa pela música, mas você passa longos e intermináveis anos da sua vida pagando as contas e NUNCA prioriza a música, simplesmente porque não tem tempo PARA DEDICAR a ela, afinal, precisa pagar as contas. Entendeu o ciclo vicioso?

A imensa maioria das pessoas vive esse ciclo vicioso, pois não foca suas prioridades. O que é prioridade para você? O que realmente importa na sua vida a ponto de você dedicar esse recurso tão valioso e finito: seu tempo? O que merece a entrega dos preciosos segundos, minutos, horas, dias, semanas, meses, anos da sua história pessoal? É exatamente aí que deve estar seu foco!

Quando ocupamos nosso tempo com as prioridades que elencamos em nossas vidas, o resultado é um só: QUALIDADE DE VIDA. E essa qualidade se dá porque nos sentimos livres para usar o tempo de acordo com nossas vontades, e não de acordo com nossas necessidades. A grande questão da vida é que as pessoas ocupam o recurso mais importante de suas próprias vidas com necessidades. É uma necessidade sustentar sua família, mas é prioridade fazê-la feliz, e, para que isso aconteça, você primeiramente precisa estar feliz. Ora, se ocupa seu tempo com urgências e coisas importantes, que te escravizam, não te realizam, você estará feliz? Sabemos a resposta. E, se não estiver feliz, conseguirá fazer as pessoas que ama felizes?

Na prática, 97% do tempo das pessoas normalmente é preenchido por URGÊNCIAS e COISAS IMPORTANTES. Colocamos nossas prioridades, aquilo que realmente importa em nossas vidas, SEMPRE EM SEGUNDO PLANO. E, quando a vida acaba, lamentamos que não tivemos tempo para viver de verdade.

3º degrau: Liberdade emocional

Vivemos em uma era onde somos prisioneiros de um manancial de emoções negativas devido ao estilo de vida que estamos vivendo.

Seja bem-vindo à era do PENSAMENTO ACELERADO. Aliás, estamos sofrendo da síndrome do pensamento acelerado. Atualmente, uma criança de 7 anos tem mais informações acumuladas que um imperador romano tinha na época do império. Uma criança de 9 anos tem mais conhecimento do que grandes pensadores da humanidade, como Victor Frankl, Immanuel Kant, Schopenhauer, Friedrich Nietzsche, Santo Agostinho, David Hume, René Descartes, Platão, Aristóteles, Sócrates, e tantos outros jamais pensaram ter.

Acredita-se que, hoje, uma em cada duas pessoas está sofrendo de algum tipo de transtorno emocional, ou seja, 50% da humanidade está emocionalmente doente. Segundo a Organização Mundial de Saúde (OMS), em 2020 a depressão será a MAIOR CAUSA de afastamentos de trabalho no mundo. As pessoas, sobrepujadas pelos estímulos que recebem a todo instante das redes sociais, *internet* e seus ambientes, encontram-se em níveis de ansiedade nunca antes imaginados.

A consequência de tudo isso é a formação de gerações sem qualquer controle ou domínio das emoções. Cada vez mais os seres humanos são reativos ao meio. Isso significa que, de um modo geral, a sociedade está emocionalmente vulnerável.

Pense por um momento se você teve algum tipo de destempero emocional no último mês. Recorde suas experiências e verifique se perdeu o controle em algum tipo de evento vivido. Pode ter sido em função de algo ou alguém, não importa, apenas verifique se se sentiu, por exemplo, irritado(a), magoado(a), desmotivado(a), ferido(a) em alguma situação da sua vida. Eu posso garantir que a resposta é SIM.

Isso aconteceu e acontece na sua vida porque você ainda não conquistou sua LIBERDADE EMOCIONAL. E essa liberdade se apresenta na mesma medida em que você aprende a blindar e controlar suas emoções. A maior parte das pessoas acredita que as emoções são FORÇAS sobre as quais não podem exercer nenhum controle, como se fossem entidades extra-sensoriais que "possuem" os indivíduos e tomam conta deles. Eu posso te afirmar que você consegue controlar suas reações emotizadas, e, além, pode escolher a emoção que deseja sentir nos mais variados momentos da sua vida.

Possuir LIBERDADE EMOCIONAL é, antes de mais nada, estar consciente sobre o que está sentindo e aprender a intervir de maneira deliberada em seus próprios estados emocionais. Estamos falando então de perceber os próprios sentimentos. Existem inúmeras ferramentas, modelos e estratégias da Programação Neurolinguística, Emotologia, Neurociência e Psicologia Positiva que são extremamente eficientes para o desenvolvimento do controle e domínio das emoções.

Se você não sabe ou consegue controlar e dominar suas próprias emoções, será sempre um prisioneiro dos seus estados emocionais.

Se eles forem positivos, tudo bem. Mas e se você for dominado(a) por estados emocionais negativos, como o medo, por exemplo? Como será sua vida? E seus resultados?

Somente pessoas LIVRES EMOCIONALMENTE são capazes de lidar com as mais diversas experiências, situações, desafios, estressores da vida. Quando não entendemos e não dominamos nossas emoções, podemos ser facilmente influenciados e manipulados pelo meio. É fácil entender por quê. Uma pessoa frágil do ponto de vista emocional é uma pessoa reativa. Isso significa que ela reage ao mundo sem pensar, sem analisar, planejar ou criticar os estímulos que está recebendo.

Imagine por um instante que você é uma pessoa explosiva, daquele tipo que, quando as coisas saem dos trilhos, reage visceralmente, grita, fica tensa, explode. Se esse for seu caso, você é um prisioneiro. Por quê? Porque, toda vez que receber estímulos desagradáveis, suas reações são totalmente previsíveis. Você está preso em um *looping* emocional.

A liberdade emocional consiste justamente em PARAR DE REAGIR ao mundo, ou seja, após ter recebido qualquer estímulo, analisar, refletir, pensar, para, aí sim, AGIR. É claro que isso depende de treino, mas qualquer pessoa, em qualquer fase da vida, independentemente de cultura, raça, formação acadêmica e intelectual, pode desenvolver essa habilidade.

Quando aprendemos a dominar nossas emoções, nos tornamos mais estáveis, lúcidos, racionais. Aprendemos a entender e respeitar as opiniões dos outros e conseguimos nos relacionar com eles, apesar de divergências e/ou conflitos. Isso é lindo!

4º degrau: Liberdade para viver o seu significado

O que você entende por realidade? Como compreende a experiência? O que é significado, na sua opinião?

Estou me referindo a 3 dimensões relevantes da existência humana, ou seja, 3 pilares que influenciam nossas escolhas, atitudes e resultados (inclusive, já as mencionei aqui). Você já parou para observar que muitas pessoas manifestam suas opiniões com frases como: "Estou apenas me baseando na realidade...", ou, ainda, outros tantos tentam nos provar que estão certos afirmando: "Só manifesto aquilo que se fundamenta na verdade..."? Podemos ainda elencar milhares de pessoas mundo afora que tentam nos provar que seus modelos são os melhores modelos, que suas verdades são mais verdadeiras que as nossas.

O que é realidade? O que é certo? O que é errado? O que é belo? O que é feio?

Baseando-me apenas e tão somente em pesquisas científicas e observações comportamentais, posso afirmar que a realidade é inalcançável para os sentidos humanos. Isso significa dizer que nossos canais sensoriais (visão, audição, tato, paladar e olfato) não conseguem atingir esse nível chamado realidade. Muito ao contrário, eles a filtram, distorcem, omitem, generalizam. De fato, a realidade é inatingível para a condição humana, pois a realidade é tudo o que está acontecendo no universo. Por essa óptica, pense por um momento: seus olhos conseguem captar todos os estímulos visuais presentes no ambiente onde você está agora? A resposta é definitivamente NÃO.

Ora, se não temos a realidade, sobra a experiência. A experiência é uma fatia da realidade. Por exemplo, agora você está lendo este texto. Esta é a sua experiência momentânea, o que está vivendo neste instante. Contudo, mesmo a experiência é uma dimensão distante das nossas capacidades sensoriais e mentais. Está fartamente comprovado que, mesmo quando um grupo de pessoas vive uma experiência compartilhada, em conjunto, ela NUNCA será igual para todos os indivíduos.

O que sobra então? A resposta é óbvia: o SIGNIFICADO, uma fatia da experiência. Significado é como cada pessoa interpreta o que ela está vivendo. Na prática, é o mapa que cada indivíduo faz da experiência onde está inserido. São nossos significados que influenciam nossos comportamentos, resultados, qualidade de vida, dos relacionamentos, enfim, tudo em nossa breve jornada existencial. Lembra? O mapa não é o território.

Em uma sociedade repleta de regras, paradigmas, dogmas, onde os conceitos de certo e errado são amplamente alardeados, as pessoas tornam-se PRISIONEIRAS e passam a viver em função do que o "bando" define como válido.

Imagine por um momento que você é funcionário(a) de uma empresa qualquer. A diretoria dessa empresa determina metas específicas e, para atingi-las, está disposta a romper com valores essenciais, como ética, honestidade, transparência. Na prática, essa empresa chega mesmo a mentir para seus clientes a fim de efetuar suas vendas e atingir suas metas. A sua formação aponta justamente no caminho contrário: você não concorda com a postura da diretoria da empresa e a condena. Entretanto, ao mesmo tempo, você sabe que, se bater de frente com seus líderes, mesmo para defender o que acredita, seu emprego se torna um fator de risco, e você pode perdê-lo. Você se lembra dos filhos, de seus compromissos financeiros, da escola das crianças, da parcela do carro e de muitas outras dores que sentirá se for dispensado do seu trabalho. O que acontece então? Você provavelmente se resignará e viverá o SIGNIFICADO dos outros, rompendo com o seu, com seus valores, ficando frustrado e infeliz para garantir a sobrevivência.

Liberdade para viver seu significado quer dizer estar mil por cento alinhado com seus valores essenciais e NÃO ABRIR MÃO deles por motivo algum. E, claro, para estar totalmente em sintonia com seus valores, você terá que conhecê-los primeiramente. E talvez seja aí que resida o problema.

Durante os anos de 2004 a 2008, fiz uma pesquisa junto a profissionais que atuavam nas empresas que atendi em processos de consultoria, mentoria, treinamento e *coaching*. Meu objetivo era levantar quanto por cento dos entrevistados já tinha, em suas vidas adultas, total clareza sobre seus sistemas de valores. E mais, extrair também a quantidade de pessoas que já haviam hierarquizado e conceituado seus valores pessoais. Entrevistei pessoalmente 560 pessoas. A seguir, os resultados da minha pesquisa. Alarmante!

- 72,40% não faziam ideia do assunto: valores essenciais de vida;
- 9,60% conheciam o tema, mas jamais haviam parado para pensar sobre seus próprios valores;

- 12% já haviam tido contato com o tema, sabiam do que se tratava, mas nunca dedicaram tempo algum para inventariar seus próprios valores;
- 4% já conheciam seus valores essenciais, mas nunca haviam hierarquizado ou conceituado os mesmos;
- 2% das pessoas entrevistadas possuíam valores bem definidos e hierarquizados.

Perceba o quanto esses dados são alarmantes. Porque, se você é pai ou mãe, por exemplo, e não sabe quais são os valores fundamentais para sua vida e de sua família, poderá permitir que seus filhos acessem na *internet* ou televisão conteúdos que irão impactar negativamente na formação deles e você nem se dá conta disso.

Entretanto, se você tem clareza sobre seus valores, e já definiu, por exemplo, que seu valor número UM é RESPEITO, jamais irá permitir que entre em sua casa qualquer tipo de conteúdo que vá de encontro a esse valor. Isso é extremamente relevante, pois são seus valores que influenciam seus significados.

5º degrau: Liberdade na relação consigo mesmo

Existem dois tipos de relacionamentos fundamentais: o relacionamento intrapessoal (você com você) e o relacionamento interpessoal (você com os outros). É claro que a ordem estabelecida no texto não é por acaso. É impossível construir relacionamentos sólidos, ecológicos e sustentáveis com as pessoas se meu relacionamento interno NÃO É BOM.

Outra pesquisa que realizei durou cinco anos. Seu objetivo principal era identificar os níveis de relacionamento intrapessoal que as pessoas desenvolvem ao longo da vida. Para você entender melhor o processo, é preciso que compreenda primeiro quais variáveis afetam nosso relacionamento interno:

- **Autoestima** – Representa o nível de aceitação que você tem em relação à sua imagem pessoal, àquilo que é, aos pensamentos e sentimentos que recorrentemente alimenta sobre si mesmo.
- **Autoconhecimento** – Está relacionado ao nível de consciência que você já possui ou não sobre suas forças e fraquezas.
- **Autocontrole** – Diz respeito à sua capacidade de dominar, controlar e gerenciar suas próprias emoções, ações e reações no mundo.

Fica claro então que minha pesquisa visava mensurar os níveis de autoestima, autoconhecimento e autocontrole das pessoas entrevistadas. Durante os 5 anos em que desenvolvi esse trabalho, entrevistei mais de 800 pessoas. O resultado foi e é assustador: 65% dos entrevistados apresentavam altos níveis de deficiência na relação intrapessoal; 92% apresentavam algum nível dessa deficiência; apenas 8% dos entrevistados possuíam um relacionamento intrapessoal equilibrado e bem desenvolvido.

A liberdade na relação consigo mesmo sem dúvida passa pelo desenvolvimento dessas variáveis (autoestima, autoconhecimento e autocontrole). Nenhuma pessoa se sentirá verdadeiramente LIVRE se sua autoestima for baixa, se faltar a ela consciência de suas forças e fraquezas, e se não conseguir dominar e controlar suas próprias emoções, ações e reações no mundo.

Portanto, desenvolver sua LIBERDADE na relação consigo mesmo é fundamental, imprescindível para que consiga uma vida verdadeiramente LIVRE. É fácil entender: pessoas com relacionamentos intrapessoais lesados de alguma forma são muito mais suscetíveis às interferências dos outros. Na prática, se você possui baixos níveis de autoestima, por exemplo, é muito provável que as críticas dos outros te afetem, criando insegurança, medo, ansiedade e estresse. Mas note que não é o que os outros fazem que te afetará dessa maneira, mas sim como isso te impacta internamente. É claro que, se seu relacionamento intrapessoal é ruim, qualquer coisa que venha de fora de você irá gerar afetações negativas.

Para ser livre, VOCÊ precisa urgentemente, primeiramente, cuidar de você.

6º degrau: Liberdade na relação com os outros

Uma vez que você tenha uma relação saudável consigo mesmo, estará apto para construir relações sustentáveis com as outras pessoas. Contudo, como somos seres gregários, e precisamos estar conectados uns com os outros, muitas relações tornam-se verdadeiros cárceres em nossas vidas. Imagine, por exemplo, um casal onde um dos cônjuges está abrindo mão dos seus valores essenciais, dos seus princípios, da filosofia que norteia sua própria vida, para viver em função dos valores, princípios e filosofia do parceiro(a). O quer irá acontecer com essa pessoa? Estará aprisionada em um relacionamento que lhe trará infelicidade, frustrações, mágoas, rancores. Trata-se de uma relação tóxica.

Para você compreender melhor sobre como construir RELAÇÕES LIVRES com as pessoas, mesmo com aquelas que ama muito, quero compartilhar com você um conceito incrível desenvolvido por Joseph Luft e Harrington Ingham em 1955. Esse conceito tem como objetivo auxiliar no entendimento da comunicação interpessoal e nos relacionamentos com as pessoas de um modo geral: JANELA DE JOHARI.

A Janela de Johari é uma ferramenta extremamente útil para entendermos melhor como se dá a comunicação entre humanos, construindo assim relacionamentos mais saudáveis e livres.

O conceito tem um modelo de representação que permite revelar o grau de lucidez e maturidade nas relações interpessoais, relativamente a um dado ego, classificando os elementos que as dominam num gráfico de duas entradas (janela): exposição *versus* *feedback*, ou seja: diálogo, subdividido em quatro áreas:

	EU	
OUTROS	**Área PÚBLICA**	**Área CEGA**
	Área PRIVADA	**Área DESCONHECIDA**

- **Área pública**

Representa a informação que é de domínio de todos no relacionamento. Se você é uma pessoa casada, por exemplo, quanto maior for essa área, melhor, mais pleno, feliz e LIVRE será seu relacionamento. Se você é líder de uma empresa, quanto maior for a ÁREA PÚBLICA com seus liderados, mais sintônico, harmônico e de confiança será seu relacionamento com eles. Essa área é expandida naturalmente na medida em que você também expande o nível do seu diálogo com as pessoas com quem se relaciona.

É uma área fundamental, pois dá clareza na comunicação entre as pessoas.

Vivemos em uma era onde a comunicação é truncada e repleta de ruídos. A informação é distorcida, generalizada, deletada a todo instante. O motivo disso é que tanto emissor quanto receptor da mensagem não estão perfeitamente alinhados em seu processo comunicativo. Se eu omito coisas da minha esposa em nosso relacionamento, estou contrariando nossa ÁREA PÚBLICA, piorando a qualidade da nossa comunicação e deteriorando nosso relacionamento. Ela, por sua vez, ficará desconfiada e, como me ama, tentará de toda forma descobrir o que está acontecendo. Será inevitável que tente me aprisionar de alguma forma, devido à falta de confiança.

- **Área cega**

Essa área representa aquela informação que os OUTROS estão percebendo em mim e que eu próprio ainda não percebi. Somos julgados por nossas atitudes, condutas, comportamentos.

Nossas intenções não aparecem no mundo físico. Ao receber *feedbacks* das pessoas, passamos a ter uma noção de como somos realmente vistos. Alguém que é emocionalmente maduro AMA receber *feedbacks* e extrair informações da ÁREA CEGA. Quando aprendemos a receber e aceitar os *feedbacks* dos nossos pares com maturidade e elegância, evoluímos como indivíduos e nossas relações se tornam mais sólidas e LIVRES. E isso acontece porque a aceitação emocional do *feedback* nos faz evoluir.

É importante ressaltar aqui a diferença entre *feedback* e crítica. O *feedback* é um retorno sobre seu comportamento. A pessoa normalmente fala assim: "O que você está fazendo é uma estupidez...". Já a crítica é um ataque à sua personalidade. O diálogo se apresenta assim: "Você é um estúpido...". Notou a sutil e importante diferença?

- **Área privada**

A área privada nos remete ao quadrante da JANELA onde estão as informações que NÃO ESTAMOS compartilhando em nossos relacionamentos.

Vamos imaginar que você é um empresário e que deseja, naturalmente, aumentar as vendas da sua empresa. Para que consiga esse intento, terá que contar com sua equipe, afinal, ela é parte integrante e relevante do negócio. Mas você se recusa a compartilhar com seu time os valores reais do seu faturamento. Ora, como será possível que as pessoas que trabalham com você te ajudem a atingir sua meta se lhes faltam dados e informações? Quando retemos informações importantes para a relação, criamos um vácuo emocional entre nós e as pessoas, e isso macula a confiança, a qualidade da sintonia, depreciando o próprio relacionamento. A omissão da informação SEMPRE PIORA a qualidade do relacionamento.

- **Área desconhecida**

Nessa área, a informação ainda é totalmente desconhecida pelas partes envolvidas no relacionamento. É quando todos intuem que algo está acontecendo, mas ninguém sabe precisar o que é. Essa falta de precisão na informação faz com que a comunicação piore, e isso afetará negativamente a qualidade da comunicação e do próprio relacionamento.

É comum que, às vezes, as pessoas sintam que algo está ruim, que há um desconforto, que a relação não está ideal, mas não saibam precisar exatamente o que é. Ou seja, essa intuição significa que há informações subjacentes ainda não conscientes. Através do diálogo é possível trazer à tona esse conteúdo omisso. Pense por um instante, o que é melhor: a dor de uma conversa que elicia feridas que eram desconhecidas, mas que passa, ou a dor de algo que você não sabe exatamente o que é e que nunca vai embora? Acredito que seja fácil responder.

Tenho certeza de que já ficou claro para você sobre qual é a ÁREA que tem que potencializar nos seus relacionamentos. Quanto mais público for o volume de informações envolvido em qualquer tipo de relacionamento do qual você faz parte, maior será a transparência e a honestidade. Com mais transparência e honestidade, melhorará muito o nível de sintonia entre você e as pessoas. Mais sintonia gera mais confiança. Mais confiança SEMPRE TRAZ como resultado MAIS LIBERDADE.

Além disso, o impacto da OPINIÃO dos outros sobre você desaparecerá por completo, pois, como sua ÁREA PÚBLICA com as pessoas é sempre ampla, seus níveis de AUTOESTIMA, AUTOCONFIANÇA e AUTOCONTROLE serão muito acima da média. E isso vai reforçar sua relação mais LIVRE com você mesmo, gerando assim uma espiral positiva que impactará sua vida de maneira significativa.

7. Liberdade para fazer escolhas mais conscientes

95% das nossas escolhas são inconscientes. Apenas 5% são escolhas e decisões racionais, conscientes, verdadeiramente analisadas e pensadas. Isso demonstra que 95% do que fazemos no dia a dia advém de automatismos, padrões com vias neurais rápidas em nossos cérebros. Na verdade, não estamos escolhendo nada, mas sim repetindo o que já fazemos de maneira automática e inconsciente.

E qual a razão disso? Para entender os motivos, é preciso que você reforce seu entendimento do que é o EFEITO MANADA. Em seu livro *Previsivelmente Irracional*, Dan Ariely esclarece que a tendência natural de qualquer ser vivo é SEMPRE acompanhar o bando, ou seja, vamos replicar os comportamentos do grupo, afinal, precisamos e queremos ser aceitos. Há necessidade emocional de experimentar a sensação de pertencimento. Ora, se seguimos a manada, não estamos fazendo escolhas, mas sim repetindo padrões.

O efeito manada está presente nas mais diversas áreas de atuação humana. No mercado financeiro, por exemplo, é comum que os agentes econômicos criem bolhas especulativas que fazem com que os investidores se movimentem todos na mesma direção. Se observar sua rotina com mais atenção, perceberá facilmente que muitas coisas que você faz, inúmeras escolhas que define, são resultados de movimentos de grupos dos quais participa. Na verdade, você não está escolhendo nada.

Se uma pessoa está apenas reagindo ao mundo, repetindo padrões, acompanhando o efeito manada, ela NÃO ESTÁ FAZENDO escolhas conscientes. Se não está tomando decisões utilizando as faculdades do seu córtex pré-frontal (área do cérebro onde reside a consciência e a tomada de decisões lúcidas), está apenas seguindo o que todo mundo faz. Eu te pergunto: qual liberdade há nisso? Você sabe a resposta: nenhuma!

A liberdade de fazer escolhas mais conscientes é vital para orientar a vida de qualquer pessoa que deseja direcionar sua energia para tudo o que é realmente importante em sua jornada. Se apenas repito padrões do bando onde estou inserido, sou prisioneiro de modelos sociais que me escravizam e me impedem de viver minha essência. Escolhas mais conscientes LIBERTAM a essência de qualquer pessoa.

Talvez você possa estar pensando agora: "Mas, Gérson, não é importante que meu cérebro automatize vários comportamentos? Que loucura seria minha vida se tivesse que estar consciente de tudo o que faço diariamente". Sim, você está certo. Muitos padrões são generalizados e automatizados para simplificar nossas vidas. Por exemplo, quando era criança você aprendeu que, movimentando a maçaneta, abria a porta. Foi um único aprendizado. Seria insano se tivéssemos que reaprender a abrir portas toda vez que nos deparamos com maçanetas novas. Seu cérebro generalizou, automatizou aquele aprendizado inicial para todas as experiências a seguir. E isso é útil.

Mas, em essência, não é disso que estou falando. Estou falando de outra coisa. Imagine agora seu trabalho. Quando você o aprendeu, lá no começo, teve que fazer um esforço consciente para entender as rotinas, processos, responsabilidades e atividades que envolviam, na época, o que você assumiu como profissão na sua vida. É provável que alguém o tenha ensinado lá no princípio. Pense no seguinte: essa pessoa (seu treinador) lhe disse assim: "Fazemos desse jeito há vinte anos. É assim que funciona.", e você assume essa crença e continua repetindo o que aprendeu ao longo do tempo. Nunca questiona, pondera ou analisa por que SEMPRE FOI FEITO dessa maneira. Você está sob o efeito manada, não está escolhendo nada, está apenas repetindo um padrão. Isso acontece em muitas áreas da vida. A pergunta que não quer calar é: será que há outras maneiras mais úteis, produtivas e eficientes de desenvolver esse trabalho? Você sabe que a resposta é SIM.

Decidir fazer escolhas mais conscientes é assumir nossa verdadeira condição humana, criando muito mais lucidez sobre o que e como estamos agindo nas mais diversas áreas das nossas vidas.

28. UMA CONCLUSÃO NADA ÉPICA!

Não escrevi este livro para obter sua concordância com a tese que defendi nestas páginas, tampouco considero que o modelo que apresentei seja uma solução para os problemas de qualquer pessoa. Não foram essas as minhas intenções.

Quis, de verdade, espetar você, para que abra seus olhos para o estilo de vida que está vivendo, se está seguindo aquilo que realmente importa na sua vida, ou se está apenas replicando o "discurso de papagaio" que todo mundo repete.

Eu sou livre para ser o que ou quem eu quiser SER. Esse é o mantra que orienta minha vida. E espero, do fundo do meu coração, que este livro possa tê-lo inspirado a OUSAR ser você de verdade, a, quem sabe, construir sua própria liberdade e romper com as prisões que te impedem de viver a sua própria história.

Não acredito em fórmulas do sucesso porque sei, por experiência própria, que elas NÃO EXISTEM. O que funciona para mim provavelmente não funcionará para você, mas acredito firmemente que, quando você libertar sua essência, quando permitir que seu verdadeiro EU venha à tona, algo vai acontecer em sua vida, uma mudança vertiginosa de curso irá se apresentar, pois, quem sabe, a única fórmula do sucesso possível para todas as pessoas seja VIVER o mais alinhadamente possível com os valores que para cada um de nós são realmente importantes.

Mas, se você não concorda comigo, está tudo bem. Assim como você seguirá seu curso pela vida, também seguirei o meu. Na pior das possibilidades, cruzamos nossos caminhos nestas páginas e deixamos que a vida seguisse por si mesma em frente.